援助要請と被援助志向性の心理学

困っていても助けを求められない人の理解と援助

水野治久
［監修］

永井　智
本田真大
飯田敏晴
木村真人
［編］

金子書房

はじめに

　本書は，援助要請研究会という自主的な研究グループの活動が出発点に
なっている。監修者と編者が，東京・本郷のカフェで研究会を実施したのが
最初だ。それから10年以上が経過したが，本書の企画は援助要請研究会のこ
れまでの蓄積と成果に負うものといえる。

　援助要請は，生活の中で困ったり課題を抱えている人が，どのように助け
を求めるかについて議論する概念である。教育，医療，福祉などの対人援助
領域をはじめ，あらゆる領域に研究対象が拡がっている。本書は，カウンセ
ラー，ソーシャルワーカー，医師，看護師，教師などの対人援助職，こうし
た職業を目指す学部生，大学院生も対象読者として想定している。もちろん，
最新の研究知見を含んでいるので，心理学や関連領域の研究者の方にも手に
取っていただきたいと思う。また，対人援助領域を扱っていることから，対
人援助，カウンセリングなどの科目の教科書として，本書をもとに議論して
いただくことも可能である。

　助けを求める人の意識や行動に関心をもったのは，監修者のカウンセラー
としてのキャリアの出発点が，大学の留学生担当者であったことと関係して
いる。当時，カウンセラーという言葉を知らない人たちの援助を考えなけれ
ばならなかった。ニーズはあった。しかし援助は要請されない。ニーズを掘
り起こし，援助につなぐ必要があった。予防の概念，アセスメント，心理学
の中でも応用的な色彩の濃い，コミュニティ心理学や学校心理学の概念や枠
組みが参考になった。

　文献を読み進めていくと，help-seeking（援助要請）という概念があること
がわかった。カウンセラーや精神科医に対する援助要請には文化差があり，
日本を含むアジアの人々は，援助要請を控える傾向が確認されている。

　本書は，4部構成である。第Ⅰ部「理論編——援助要請研究のあゆみ」は，
援助要請，被援助志向性の概念整理と理論的な解説をした2つの章からなる。
第Ⅱ部「援助ニーズを持つ人の理解——被援助者はどのように援助を求める

のか」は，現状の理解である。子ども，親（保護者），教師，看護師が行う
援助要請について，その領域の援助要請研究をリードしている研究者に執筆
をお願いした。第Ⅲ部「援助実践の現場から——援助要請を考慮した援助方
法・システムの構築」では，スクールカウンセリング，医療，学生相談，自
殺予防，HIV の予防と治療，引きこもりへの支援の場面で，援助要請を促
進しながらどうニーズのある人を援助するかという問題について議論してい
る。第Ⅳ部「援助要請研究の応用と展開」ではメンタルヘルスリテラシー，
スティグマ，援助要請を促進するプログラムについて議論し，今後の援助要
請研究の展開について解説した。これからの援助要請，被援助志向性研究の
方向性を指し示す内容である。

　また，章に含めることができなかった援助要請をとりまく課題については，
理論的な課題から個別具体的な課題までを含めて Column（コラム）として
まとめた。

　そのほか，Coffee Break として，援助要請にまつわる「こぼれ話」も紹介
しているので，楽しく読んでいただければ幸いである。

　さらに本書には，援助要請研究の世界的な権威であるオーストラリア，
キャンベラ大学のデボラ・リックウッド教授に序文を寄せていただいた。監
修者のメールにお返事をいただき，われわれ監修者，編者 5 名は，2016年 3
月にキャンベラを訪れ，リックウッド教授のはからいで，研究会を開催し，
研究者や大学院生と意見交換した。また，キャンベラの心理学者との交流の
機会を持ち，ご自宅まで招待いただいた。加えて，オーストラリアが誇る，
援助要請を考慮に入れた相談システムである「ヘッドスペース」の相談室を
見学する機会を得，実際にヘッドスペースのカウンセラーとも意見交換する
ことができた。ここでいただいたご縁は，その後の国際学会でのオーストラ
リアの心理学者との交流，リックウッド教授の日本招聘にもつながった。

　本書は，決して監修者，編者，執筆者の力だけで完成したわけではない。
援助要請，被援助志向性のテーマについて「面白い」と声をかけてくださっ
た数々の研究者，実践家の先生方。日本心理学会，日本学校心理学会では，
長きにわたりこのテーマでシンポジウムを企画させていただき，多くの方々
に来場いただいた。お一人おひとりお名前を上げて謝意を述べたいところで
あるが，紙数の関係で残念ながら控えさせていただきたい。援助要請研究会

は，今では100名以上の会員がメーリングリストに登録し，10年以上にわたって研究会を開催している。本書の執筆者も全員，援助要請研究会のメンバーである。関心のある方はぜひ，監修者，編者に連絡いただきたい。

　本書が刊行の運びとなったのは，金子書房天満綾様の力によるところが大きい。出版の企画段階から原稿の最終確認まで，天満さんのお力がなければ本書は生まれていない。謝意を述べたいと思う。

2016年12月

水野治久・永井　智・本田真大・飯田敏晴・木村真人

序　文
── 刊行に寄せて ──

　援助要請について理解することは，コミュニティ全体のウェルビーイング
にとって非常に重要なポイントである。援助要請の研究は，精神的健康や
ウェルビーイングを増進する上で必要とされる，医療やカウンセリングに，
人々がつながるための支援方法をわれわれに教えてくれる。私は，日本の社
会的・文化的状況の中での援助要請に関するこの重要な本に序文を寄せるこ
とを非常に嬉しく思う。本書は，援助要請は研究に値するという日本人研究
者・カウンセラーの認識，および日本で弱い立場に置かれているあらゆる世
代の人々の健康とウェルビーイングを増進しようと努力している彼らの存在
を示すものである。

　援助要請は，人々が自身の健康上の問題や個人的な問題に対処するうえで
必要となるカウンセリングやサポートを得る際に，欠くことのできないもの
である。人は症状を呈したときには積極的に援助要請することが必然のよう
に思えるが，必ずしもそうではない。

　国際的な研究では，医療，特にカウンセリングサービスを求めることには
多くのバリアが存在することを明らかにしている。こうしたバリアは，精神
的健康上の問題や，自殺念慮，HIV やいじめ，性的暴行などの「スティグ
マ」（汚名）を受けるような問題において最も強いものとなる。こうした問
題を経験する人々は，カウンセリングへの差し迫ったニーズを抱えているに
もかかわらず，往々にして援助を求めることに非常に抵抗を感じる。

　また，援助を求めることを回避しがちな集団というものも存在する。特に
それが顕著なのは若い人々である。これは重大な問題といえる。なぜなら，
精神的健康上の問題が最も多く現れるようになるのは児童期後期から思春期
にかけてだからである。若者にとって，学業達成や成人期におけるウェル
ビーイングに悪影響を及ぼすような，長期にわたる不調を防ぐためにも，こ
うした問題にできるだけ早く取り組むことができるよう，早期に適切なケア
を求めることが非常に重要となるのである。

　私自身の研究の大部分は，若者の援助要請，特に個人的な問題や精神的健康に関する問題の援助要請に焦点を当ててきた。こうした研究の成果は，オーストラリア政府の政策と心理的援助の実践に大きな影響を与えてきた。

　われわれは，研究を通じて若者の援助要請に影響する要因を明らかにし，それに応じる形で，「ヘッドスペース」（headspace）という12～25歳の若者を対象としたサービスのための国家レベルの組織を作り上げてきた。10年以上の期間で，われわれはオーストラリア国内に約100ものセンターや，e-ヘッドスペース（e-headspace）というオンラインのサービスを立ち上げてきた。その目的は，オーストラリアのすべての若者が必要な援助を受け，充実した生産的な人生を送ることができるよう，カウンセリングをアクセスしやすいものとすることである。そのためヘッドスペースは，若者にとって親しみが持てるものとなっている。ここでは，若者たちは評価，判断されることはなく温かく迎え入れられる。このサービスでは特に，LGBTやホームレス，アルコールやその他のドラッグ使用者など，より周辺的な地位に追いやられている人々をも含んだ若者すべてを包摂できるよう，熱心に取り組んでいる。こうした着眼は，スティグマ（汚名）やバリアを取り除き，最も援助を必要としている人々が，科学的根拠を持つカウンセリングを利用できるようするために必要なことである。

　援助要請にとって必要不可欠なことは，メンタルヘルスリテラシーを高め，援助を求めることへのスティグマ（汚名）を減少させることである。これは親（保護者）や教師，看護師やコーチ，スクールカウンセラーなど地域社会のすべての成員，そして警察のような市民の最前線に立つ人々にも関係している。精神的健康とそれに影響する要因，適切なサービスを提供する方法，人々の精神的健康とウェルビーイングのより良い支援方法をよく理解することが重要である。オーストラリアでは過去20年以上の間，研究者とカウンセラーがわれわれのメンタルヘルスケアのシステムを向上させるために取り組んできた。そして，われわれは人々の問題意識を高め，サービスへのアクセスを向上させることに大きく前進しつつある。

　私は，尊敬すべき編者たちの，本書を取りまとめるという先見性および，執筆者たちの貴重な寄稿に対して祝福を述べたい。本書は日本の人々，特に日本の社会において最も弱い立場にあり，スティグマ（汚名）を受けるよう

な人々の精神的健康とウェルビーイングの増進を望むすべての援助職の必読書である。研究者にとっては今後の研究活動を行ううえで，カウンセラーにとっては実践を高め続けるうえで必要不可欠な指針を，本書はもたらしてくれる。

キャンベラ大学 健康学部 教授
ヘッドスペース チーフサイエンティフィックアドバイザー
デボラ・リックウッド

Debra Rickwood

Professor of Psychology

Faculty of Health, University of Canberra

Chief Scientific Advisor – Evidence Building and Knowledge Transfer

headspace National Youth Mental Health Foundation

（訳は監修者・編者による）

目　次

Coffee
Break

第 **I** 部

理論編

援助要請研究のあゆみ

第 1 章
援助要請・被援助志向性の研究と実践

水野 治久　Haruhisa Mizuno

● ◉ ●
1．本書は何を議論するのか？

　本書は，対人援助サービス分野に対する援助要請，被援助志向性に関する研究と実践を検討する。援助要請，被援助志向性はここ10年ほどで急速に研究が増加している。なぜ援助要請，被援助志向性を研究する必要があるのか？　本書の冒頭にあたり，この点についてまず述べたいと思う。

　援助要請，被援助志向性は，助けを求める意識や行動について焦点を当てる研究分野である。援助要請は，概念的には「援助を求める行動」ということになる。この分野の先駆的な研究であるリックウッドとブレイスウェイト（Rickwood & Braithwaite, 1994）は，過去12週間に，心理的な問題について，フォーマルな援助者（主治医，精神保健専門機関，教育機関），インフォーマルな援助者（家族や友人）に援助要請を行ったかを質問している。デパウロ（DePaulo, 1983）は援助要請の典型例を示している。それによると，(1)個人が問題やニードを抱えていて，(2)もし他者が時間や労力，資源を費やしてくれるなら，問題が軽減したり解決したりするもので，(3)ニードを抱える個人は他者に直接的に援助を求めるものと説明している。被援助志向性とは，「個人が，情緒的，行動的問題および現実生活における中心的な問題で，カウンセリングやメンタルヘルスサービスの専門家，教師などの職業的な援助者および友人・家族などのインフォーマルな援助者に援助を求めるかどうかについての認知的枠組み」と定義される（水野・石隈，1999）。援助要請は，助けを求める行動を，被援助志向性は，その前の意識を測定している。

　なお，援助要請をどのように測定するかという詳細な説明は，第 2 章に譲る。援助要請に対する全般的な態度を測定する試みは，フィッシャーとター

ナー（Fischer & Turner, 1970）にはじまる。しかし，援助要請に対する態度だけ捉えても，実際に援助を要請するかはわからない。その後，エイゼン（Ajzen, 1991）の計画的行動理論による援助要請意図を測定する試みが登場した。つまり，援助要請に対する態度と援助要請の意図を測定することが大事である。前述のように，1999年には水野・石隈（1999）によって被援助志向性の概念が提唱された。本田ら（2011）も説明するように，被援助志向性は，援助要請の認知的な側面を測定している。また，援助要請態度，援助要請意図を区別せず，より広く捉える概念である。

　もっとも，援助要請は，主に社会心理学分野で研究されてきた。援助者には友人や家族，コミュニティの人も含まれ，フォーマルな援助者に限定しない。また，援助内容も本書のようにメンタルヘルスの問題に限定しない。援助要請する内容は個人の情緒的問題もあるし，宿題の内容を尋ねるといったことも含まれる（相川，1987; 水野，2013）。

　本書では主に，臨床心理学，カウンセリング心理学など対人援助サービスに主眼を置いているので，援助要請とは困りごとについて，周囲の人や援助に関わる専門家に助けを求める行動を意味する。

　筆者は本書の編者および執筆者とともに，国内外の研究者と毎年2〜3月に「援助要請研究会」を行い，日本心理学会をはじめとする心理学関係の学会でシンポジウムを開催してきた。こうした機会において，なぜこのような研究を行う必要があるのか，この研究を行うことで対人援助領域の職種の人，たとえば，カウンセラーやソーシャルワーカー，教師などに，どのようなメリットがあるのかについて心理学，教育領域の研究者，実践家から質問を受けてきた。ここではその代表的な質問に答えることで，援助要請，被援助志向性の研究の意義を解説したい。

●　◎　●

2．援助要請, 被援助志向性を高めることで 依存的な人間をつくるのではないのか？

　「被援助志向性を高め，援助に対する態度を改善し，援助要請の意図を高めることは本当にその人のためによいことなのか？　もしかしたら，援助要

請行動を高めることで援助者に対する依存を高めてしまうことにならないか？」。筆者は何度となくこの質問を受けてきた。

　誰に援助要請するのかを考えたとき，心理学領域で考えられるのは，カウンセラー，医師，ソーシャルワーカー，教師，看護師などの対人援助職である。こうした職業の援助目標はクライエント，患者，児童生徒が自立できるような援助を行うことである。

　被援助志向性とは，援助要請を行う意識や認知を意味するが，被援助志向性をいたずらに高め援助者に依存する人間を育てるのは好ましくないのではないかという考え方がある。つまり，被援助志向性を高め，援助要請の頻度を高めることで，援助者から自立できない人間を育てるのではないかということである。たとえば，援助者に依存することは転移・逆転移の問題として特に精神分析的なアプローチでは分析の対象にもなる。そして，最後は転移を客観的にみつめることで，自立を促すのである。

　援助を要請する人は本当に依存的なのであろうか？　筆者はカウンセラーとしても，また教員としても勤務しているが，クライエントや学生の中には，依存的に援助を求めてくる人もいる。しかし一方で，本当に困ったときだけピンポイントで必要な援助を求めてくる人もいることもまた事実なのである。その意味で援助要請にはスタイルがあるのではないかと思える。この問いに答えるのが永井（2013）の研究である。永井（2013）は，援助要請には様々なスタイルが存在するのではないかと主張し，大学生を対象に調査をし，〈援助要請自立型〉，〈援助要請過剰型〉，〈援助要請回避型〉の3つのタイプを見いだしている（表1-1参照）。

　そして，木村・水野（2004）が開発した全体的な援助要請傾向との相関は，

表1-1　援助要請の3つのタイプ（永井，2013）

	援助要請のタイプ	内　容
1	援助要請自立型	困難を抱えても自身での問題解決を試み，どうしても解決が困難な場合に援助を要請する傾向
2	援助要請過剰型	問題が深刻でなく，本来なら自分自身で取り組むことが可能でも，安易に援助を要請する傾向
3	援助要請回避型	問題の程度にかかわらず，一貫して援助を要請しない傾向

援助要請自立型とは.21，援助要請過剰型とは.61，援助要請回避型とは-.52の相関係数であった。加えて，援助要請自立型は自己効力感との正の関連，援助要請過剰型は抑うつの関連要因である再確認傾向と正の関連が認められることを見いだしている。つまり，この調査から，自立的な援助要請を高める必要性が示されたといえる。しかし一方で，この結果は，援助要請の測定の仕方によっては依存型の援助要請を測定してしまう可能性もあることを見いだしている。援助要請を測定する場合，研究者がどのようなタイプの援助要請を測定しているのかを把握することが大事である。

　しかし，援助要請は行動として安定しているものであるのか？　たとえば，大規模な災害が起きれば，われわれは頻繁に援助要請を行う。異なる文化圏に移動したり，国内移動であっても引っ越しや転職などを経験すれば援助へのニーズが高まり援助要請することは当たり前である。依存的，自立的援助要請のスタイルそのものも，状況によって変化しうる。その個人がどのような援助ニーズを抱えているのかについて，適応尺度で把握することや，臨床群を対象に調査することが必要である。永井（2013）は，悩みの高い群は回避型より自立型，さらに過剰型の援助要請得点が高かったとしている。つまり，悩みが大きいという状況によっては，人は多くの援助要請をせざるを得ない。そのことから考えると，困ったときに助けを求められるようになるのは悪いことではないという考え方を共有することが大事ではないだろうか。もっとも，このように考えると，援助要請の認知を特性的に捉えるのか状況的に捉えるのかについて研究者自身が意識しておく必要がある。田村・石隈（2006）は教師の援助要請を状況的な援助要請，特性的な援助要請に分けて測定している。

　もし，いたずらに援助要請行動を高めることが依存につながるなら，援助を必要とするときのバリアを取り除くという考え方もある。つまり，援助を要請するときの障害をなるべく低くし，必要なときに援助を求めてもらうという考え方である。トプカヤ（Topkaya, 2015）は，質的研究から，援助要請のためのバリアとして，社会的スティグマ（汚名），よく知らない人と問題を共有したくないことを挙げている。水野（2014）が中学生150名を対象に行った心理教育によるスクールカウンセラーへの援助要請を促す介入においても，スクールカウンセラーに対する援助の懸念・抵抗感が低下した。さら

に，水野・梅川（2008）の教員に対する介入でも同様の結果を示している。援助ニーズが高まったときに，専門家への援助要請に対する抵抗感を持たないように，援助要請のバリアをあらかじめ下げておくことで，いたずらに援助を求めるのではなく，自立的な援助要請を促進することにつながらないだろうか。

　また，昨今の子どもの貧困問題や虐待などの問題の拡大を見るにつけ，学校教育においても子どもが上手に他者に助けを求めることを強調してもよいのではないかと思う。援助要請，被援助志向性研究の拡大は，社会の人々の意識の変化も関連しているのではないかとも思える。

● ⊙ ●

３．ソーシャルサポート研究とはどう異なるのか？

　援助要請，被援助志向性の研究で指摘されるのがソーシャルサポート研究との相違点である。まず，ソーシャルサポートは人間関係の枠の中でのサポート授受関係を把握し，それが適応や心身の健康にどのような影響を及ぼすかということを明らかにすることである（福岡，2007）。ローソンら（Rothon et al., 2011）の11〜14歳の子どもの調査でも，友人からの高い程度のサポート，家族からの中程度のサポートはいじめの被害者を保護する働きを持っているとしている。ゆえに，ソーシャルサポートを整備することは子どもを救うことにつながるのである。

　友人などのインフォーマルな援助者に視点を移してみると，援助要請，被援助志向性は，ソーシャルサポートと重なる部分が多い。ソーシャルサポートの中で「必要なら○○してくれる」という利用可能性を問う知覚されたサポート（福岡，2007）は，インフォーマルなサポート資源に対する援助要請を前提にしている可能性がうかがえる。援助要請しない人にとっては，周囲にサポート資源があっても「必要なら助けてくれる」という認知は低いものとなる。ソーシャルサポート研究からみても，援助要請に注目することで，サポートをどう利用するかという視点を持つことができる。事実，片受・大貫（2014）は大学生677名を対象とした調査において，ソーシャルサポートと援助要請スキルの相関係数が.62であったことを報告している。このよう

にソーシャルサポートと援助要請は近い概念である。ソーシャルサポート研究が大事にしている身近な人からの援助と，援助要請研究が強調する専門家，周囲の人に助けを求める行動の両方を検討することにより，身近な人からのサポートが専門家への援助要請につながるプロセスを把握できる可能性がある。たとえば，いじめ被害を受けた児童生徒が友だちに相談し，その後，教員やカウンセラーに相談するということがありうる。その意味で，フォーマル，インフォーマルな援助資源に絶えず注目し，援助要請を検討する必要があろう。

　さらにもう一点，付け加えると，わが国においては，専門家への援助要請と同時に，インフォーマルなサポート資源に対する援助要請も検討されている。これは，わが国の援助要請研究の特色といえよう。豪州や米国の援助要請研究はカウンセラーに対する援助要請について議論している。それは，サービスを提供しても利用しないというサービスギャップの問題があるからである。一方でわが国においては，たとえば教育場面を見ても，スクールカウンセラーやスクールソーシャルワーカーの援助は提供されているが，教師も援助者として期待されている。そして友人からのサポートも大事である。

● ⊙ ●
4．援助要請, 被援助志向性研究の知見は　当たり前すぎるのか？

　最後に，援助要請，被援助志向性研究の知見はどれも常識的であり，理論を拡張したり現場に役立つ知見はないのではないかという意見もいただく。たとえば，メンタルヘルスの関係者の知り合いがいると，被援助志向性が高まり援助要請行動が促進されるという接触仮説がある（Fischer & Farina, 1995; Carlton & Deane, 2000; Wilson & Deane, 2001）。筆者ら（小野ら，2009）の調査でも，スクールカウンセラーだよりを読むことは，スクールカウンセラーへの被援助志向性の援助の肯定的側面に影響を与える可能性があることを示している。しかし，こうした知見は一見常識的に聞こえる。

　箕口（2007）は，コミュニティ心理学の立場から，スクールカウンセラーが公式・非公式の機会を利用して，生徒や保護者の前に出ることを奨励して

いる。一見，常識的な知見であっても，人々が助けを求めやすくするような取り組みを一つひとつ積み上げていくことが大事ではないかと考える。

　つまり，援助要請，被援助志向性研究は，援助をどのように供給するのかという実践的な課題について，援助の利用者の立場から知見を提供するのである。利用される援助は何かという視点は，援助サービスを支える科学として，具体的な知見を提供する。事実，豪州の思春期の若者を対象にした相談機関（ヘッドスペース）は，相談に対する汚名（スティグマ）をいかに減らし，援助要請を高めるかを意識している（Headspace Canberra Centre, 2015; 吉岡，2012）。今後，援助要請，被援助志向性の知見から援助サービスの提供の仕方を科学的に検証し，日本の相談システムそのものを整理していく必要性がある。

● ◎ ●
5．援助要請，被援助志向性研究は どのように応用できるのか？

　援助要請，被援助志向性研究は対人援助サービスのあらゆる場面に応用可能である。それは，小学校・中学校・高等学校・大学などの教育機関，そして，病院などの医療機関，福祉などでも応用場面に拡がる可能性がある。

　本書では，ひきこもり，性被害者，HIV 陽性者など援助が届けにくい人に対する議論も含んでいる。援助がつながることでサービスギャップが埋まることが大事である。

　もうひとつは，助けを求めるというスキルをどう教えていくかという問題である。実は，私たちはそんなに簡単に助けを求めることはできない。たとえば，いじめられるという体験は痛ましい体験で，日本のみならず世界的にいじめ問題は深刻な問題である（Tenenbaum et al., 2011）。しかし，カウンセラーや教師，家族や友人に助けを求められるようになるためには，被害にあっている児童生徒が，「いじめられている」という状況を受け止めることが大事である。大河原・萱野（2009）は，幼いうちから「怒ってはいけない，泣いてはいけない，くやしがってはいけない」というメッセージを保護者から受け，不快感情をコントロールしていると，学齢期に入ってから，逆に不

快感情を処理できない状態に育つと指摘している。このような子どもは，自己の否定的な感情（不快感情）に向き合わないので援助を求める行動に至らない。

　私たちが助けを求められるようになるためには，援助要請を肯定するような考え方を学校教育，家庭教育に広げていくことが大事なのではないかと考える。後藤・平石（2013）は，学級の援助要請規範が中学生の援助要請態度，被援助志向性に影響を及ぼすことを明らかにしている。また，筆者は学校現場に関わることが多いが，教師が気軽に援助要請できる雰囲気の学校とそうでない学校の違いを経験的に感じている。西山ら（2009）は，子どもの問題を教員全員で議論していくという教育相談の定着には組織風土が関連していることを見いだしている。個人の特性や状況だけでなく，組織風土が個人の援助要請の態度や意図にどのような影響を及ぼすかについて議論がより一層深められることが大事である。

　筆者らは，こうした，援助要請スキル（本田ら，2010），援助要請のための心理教育（水野，2014），援助要請を意識した援助サービスを「援助要請カウンセリング」という分野にまとめていく必要があると考えている。

引用文献

相川 充　1987　被援助者の行動と援助．中村陽吉・高木 修共編著「他者を助ける行動」の心理学．136-145，光生館．

Ajzen, I.　1991　The theory of planned behavior. *Organizational Behavior and Human Decision Processes*, **50**, 179-211.

Carlton, P. A. & Deane, F. P.　2000　Impact of attitudes and suicidal ideation on adolescents' intentions to seek professional psychological help. *Journal of Adolescence*, **23**, 35-45.

DePaulo, B. M.　1983　Perspectives on help-seeking. In DePaulo, B. M., Nadler, A., & Fisher, J. D.（Eds.）, *New Directions in Helping, Volume 2 Help-seeking.* 3-12, New York: Academic Press.

Fischer, E. H. & Farina, A.　1995　Attitudes toward seeking professional psychological help: A shortened form and considerations for research. *Journal of College Student Development*, **36**, 368-373.

Fischer, E. H. & Turner, J. L.　1970　Orientations to seeking professional help: Development and research utility of an attitude scale. *Journal of Consulting and Clinical Psychology*, **35**, 79-90.

福岡欣治　2007　ソーシャルサポートとは何か――理論的導入．水野治久・谷口弘一・福岡欣治・古宮 昇編　カウンセリングとソーシャルサポート――つながり支

え合う心理学. 17-33, ナカニシヤ出版.

後藤綾文・平石賢二　2013　中学生における同じ学級の友人への被援助志向性——学級の援助要請規範と個人の援助要請態度, 援助不安との関連. 学校心理学研究, **13**, 53-64.

Headspace Canberra Centre　2015　*Headspace Canberra Centre activity overview report financial year 2015/16.*

本田真大・新井邦二郎・石隈利紀　2010　援助要請スキル尺度の作成. 学校心理学研究, **10**, 33-40.

本田真大・新井邦二郎・石隈利紀　2011　中学生の友人, 教師, 家族に対する被援助志向性尺度の作成. カウンセリング研究, **44**, 254-263.

片受靖・大貫尚子　2014　大学生用ソーシャルサポート尺度の作成と信頼性・妥当性の検討——評価的サポートを含む多因子構造の観点から. 立正大学心理学研究年報, **5**, 37-46.

木村真人・水野治久　2004　大学生の被援助志向性と心理的変数との関連について——学生相談・友達・家族に焦点を当てて. カウンセリング研究, **37**, 260-269.

箕口雅博　2007　学校臨床における臨床心理的地域援助. 箕口雅博編著　臨床的地域援助特論. 107-120, 放送大学教育振興会.

水野治久　2013　子どもはピアに援助をどう求めるか——被援助志向性研究からみたピア・ラーニング. 中谷素之・伊藤崇達編著　ピア・ラーニング——学びあいの心理学. 105-117, 金子書房.

水野治久　2014　子どもと教師のための「チーム援助」の進め方. 金子書房.

水野治久・石隈利紀　1999　被援助志向性, 被援助行動に関する研究の動向. 教育心理学研究, **47**, 530-539.

水野治久・梅川康治　2008　教師を対象としたチーム援助研修が被援助志向性に与える影響. 日本学校心理学会第10回大会発表抄録集, 36.

水野治久・山口豊一・石隈利紀　2009　中学生のスクールカウンセラーに対する被援助志向性——接触仮説に焦点をあてて. コミュニティ心理学研究, **12**, 170-180.

永井智　2013　援助要請スタイル尺度の作成——縦断調査による実際の援助要請行動との関連から. 教育心理学研究, **61**, 44-55.

西山久子・淵上克義・迫田裕子　2009　学校における教育相談活動の定着に影響を及ぼす諸要因の相互関連性に関する実証的研究. 教育心理学研究, **57**, 99-110.

大河原美以・萱野亜希子　2009　感情の育ちの視点からみた子どもの苦戦. 石隈利紀監修　水野治久編集　学校での効果的な援助をめざして——学校心理学の最前線. 105-112, ナカニシヤ出版.

Rickwood, D. J. & Braithwaite, V. A.　1994　Social-psychological factors affecting help seeking for emotional problems. *Social Science & Medicine*, **39**, 563-572.

Rothon, C., Head, J., Klineberg, E., & Stansfeld, S.　2011　Can social support protect bullied adolescents from adverse outcomes? A prospective study on the effects of bullying on the educational achievement and mental health of adolescents at secondary schools in East London. *Journal of Adolescence*, **34**, 579-588.

田村修一・石隈利紀　2006　中学生教師の被援助志向性に関する研究——状態・特性

被援助志向性尺度の作成および信頼性と妥当性の検討. 教育心理学研究, **54**, 75-89.

Tenenbaum, L. S., Varjas, K., Meyers, J., & Parris, L. 2011 Coping strategies and perceived effectiveness in fourth through eighth grade victims of bullying. *School Psychology International*, **32**, 263-287.

Topkaya, N. 2015 Factors influencing psychological help seeking in adults: A qualitative study. *Educational Science: Theory & Practice*, **15**, 21-31.

Wilson, C. J. & Deane, F. P. 2001 Adolescent opinions about reducing help-seeking barriers and increasing appropriate help engagement. *Journal of Educational and Psychological Consultation*, **12**, 345-364.

吉岡久美子 2012 若者のメンタルヘルスリテラシーに関する普及啓発活動の展開. 福岡大学研究部論集 B：社会科学編, **5**, 29-33.

援助要請行動と援助行動
助け上手は助けられ上手

妹尾 香織　　Kaori Senoo

　援助行動とは人を助ける行動をいう。ここでいう「援助行動」とは，必ずしも援助の専門家によるものではなく，ごく日常の援助行動を意味する。援助提供者と援助受容者の立場でなされる対人行動のひとつであり，主に社会心理学の分野で研究されてきた。援助要請行動を援助行動の研究から考えてみたい。

⊙援助要請行動と自己評価

　まず，援助要請行動とは一般に，リスクを伴う行動として知られている（高木，1998）。「助けを求める＝負け」，「援助を求める人＝弱い人」という世間の思い込みがある。他者の力を借りることは，自分の力で問題解決できないことの表れであり，自分の弱点を世間にさらすことへの恐れの感情を伴う。すなわち，援助要請行動は自己評価に大きな脅威を与えうる対人行動なのである。援助を求めている人には援助を求める理由があり，援助の提供を申し出て必要な援助が提供され受容すれば，援助要請者はポジティブな結果を得る可能性がある。それにもかかわらず，人は他者への援助要請を思い留まるのである。また，援助要請行動には，適当な潜在的援助者を探し出して適切に援助を要請するスキルも求められる。しかしながら，適当な人が見つからない，あるいは，自己評価の低下を恐れて援助要請をしなければ，自己評価は維持されるが，問題は未解決のままで，かつ，援助要請の失敗も成功も経験することはない。援助要請行動の経験のないままでは，援助要請行動のスキルが磨かれることはなく，緊急・必要時における援助要請は困難であろう。どうしたら自己評価を低下させることなく，人は必要時には援助を要請することができるだろうか。

⊙援助行動のリスクと成果

　一方で，援助行動とは小さな親切行動をはじめ，災害時の救助活動など命のリスクを伴うものまである（高木，1998）。援助行動の動機は，利己的，他者的，規範的なものがあり，援助が提供されるか否かは，コストの分析が行われた上で意思決定される。援助行動と関連性が指摘されている内的要因は，共感性が高い，他者の立場で物事を理解できる（視点取得），対人態度が積極的，などがある。また，援助行動は，一過的なものと，日常的に繰り返される継続的なものがある。リスクを伴い犠牲を払うにもかかわらず，援助が継続するとはどういうことか。

援助行動後の援助者の心理的反応に注目した研究では，援助行動経験の心理・社会的機能が明らかにされつつある。たとえば，ボランティア自身がボランティア活動によってポジティブな心理的効果（援助成果）を得れば，以後も活動の継続が動機づけられる（妹尾・高木，2003）。このように援助行動は，条件次第では援助者自身の幸福感と結びつき，将来の援助だけでなく，被援助行動を促進するなどの肯定効果も明らかとなっている。同一人物における援助行動と援助要請や援助受容などの被援助行動の関連性を検討した高木・妹尾（2006）によれば，(1)ある人が行う援助行動が多様であるほど，彼らの被援助行動は多様であること，(2)日々の援助行動が成功的であると認識する人ほど，彼らの援助行動と被援助行動に対する態度は一層肯定的であり，(3)援助行動に対する態度が肯定的な人ほど，援助行動や被援助行動に一層積極的に動機づけられており，(4)被援助行動に対する態度が肯定的な人ほど，被援助行動や援助行動に一層積極的に動機づけられていることが示されている。援助行動の効果研究からは，援助者の行為がリスクや犠牲を伴うばかりの行動ではないという認知が援助要請や援助受容の促進に結びつくということを示唆している（妹尾・高木，2011）。援助行動が自己犠牲的な行動との一面的な理解を超えて，助けた人の幸せに結びつくことを体験的に知っていれば，必要時の援助要請に伴う自己評価の低下や心理的負担感などのネガティブな反応は軽減するのかもしれない。

＊　　　　　　　　　　　＊

　日常生活において人は，援助者，あるいは，被援助者の立場で居続けるわけではない。立場や対象者を変えながら，時には助け，時には助けられるのである。普段の生活の中で，ちょっとした親切行動を多様に行うことは，いざという時の援助要請を促し，結果的に他者からの援助授与を引き出すことにつながる。すなわち，助け上手は，助けられ上手となるのである。援助の好循環や人との関わりを学ぶ場として，ボランティア活動もおすすめしたいと思う。

引用文献

妹尾香織・高木　修　2003　援助行動経験が援助者自身に与える効果――地域で活動するボランティアに見られる援助成果．社会心理学研究，**10**，106-118.

妹尾香織・高木　修　2011　援助・被援助行動の好循環を規定する要因――援助成果志向性が果たす機能の検討．関西大学 社会学部紀要，**42**(2)，117-130.

高木　修　1998　人を助ける心――援助行動の社会心理学（セレクション社会心理学7）．サイエンス社．

高木　修・妹尾香織　2006　援助授与行動と援助要請・受容行動の関連性――行動経験が援助者および被援助者に及ぼす内的・心理的影響の研究．関西大学 社会学部紀要，**38**(1)，25-38.

第 2 章

これまでの
援助要請・被援助志向性研究

永井　智 Satoru Nagai

1．臨床心理学領域における援助要請・被援助志向性研究

⑴　援助要請研究の方法

　援助要請を研究するための方法には様々なものがある。たとえば社会心理学では，難しい課題を課された研究協力者が，どのような条件下で援助要請を行うのかを検討するというような，実験的方法が多く採用されている。一方，悩みの相談やカウンセラーの利用といった援助要請行動を実験場面で生起させることは難しい。そのため，臨床心理学領域では主に，質問紙を用いて個人の援助要請の傾向を研究する手法が用いられてきた。

　質問紙を用いた援助要請研究が盛んになるきっかけとなったのは，フィッシャーとターナー（Fischer & Turner, 1970）による専門家への援助要請態度尺度（Attitudes Toward Seeking Professional Psychological Help Scale）の作成である。これは，専門家への援助要請に対する全般的な態度を，「専門的な心理援助の必要性の認識」「スティグマへの耐性」「他者へのオープンネス」「メンタルヘルス専門家への信頼」という４因子から測定する尺度である。このような利用しやすい尺度が登場したことで，これ以降，専門家への援助要請を扱った多くの研究が行われるようになった。

　しかしながら，態度が肯定的であるということと，実際に援助要請を行うかどうかはまた別である。こうしたことから1990年代頃から，援助要請への態度に加え，援助要請意図を扱う研究が見られるようになった。援助要請意図とは，「もし実際にニーズが発生した場合，どの程度援助要請をしようと思うのか」という行動意図のことである。エイゼン（Ajzen, 1991）の計画的行動理論では，この行動意図が実際の行動につながるとされており，現在で

は，援助要請意図が援助要請の主要な指標として扱われるようになっている。

　援助要請意図を測定する代表的な尺度は，カウンセリングの利用意図調査票（Intentions to Seek Counseling Inventory: ISCI）である。これは，キャッシュら（Cash et al., 1975）が作成した不安や不眠，抑うつなどの15種類の問題のリストを基にして作成された17項目の問題リストを提示し，それぞれの問題について，「もしこの問題が生じたら，カウンセラーのもとへ行くか」を尋ねるものである（Kelly & Achter, 1995）。また，ウィルソンら（Wilson et al., 2005）も，援助要請意図を測定するための全般的援助要請質問紙（General Help-Seeking Questionnaire: GHSQ）を作成している。この尺度もカウンセリングの利用意図調査票と同様に，いくつかの問題を提示し，その問題についての援助要請意図を尋ねるものであるが，誰に援助要請を行うのかを目的に応じて自由に変更・追加できるようになっており，援助要請意図をより包括的に扱うことができる尺度となっている。

(2) 援助要請に関連する心理的変数と尺度

　前項で挙げた援助要請に対する態度や援助要請意図は，援助要請の指標として中心的な役割を果たしてきた変数である。一方，援助要請に関連するその他の心理的変数を測定するための尺度も多く開発されてきた。こうした変数を扱うことは，援助要請促進のための介入研究を視野に入れた時に重要となる。援助要請にどのような心理的変数が影響しているのかを明らかにすることができれば，そうした心理的変数に働きかけることで，援助要請の促進を期待できるからである。

　援助要請に関連すると考えられてきた代表的な心理的変数としては，援助不安がある。これは援助を受けることに対して感じる不安であり，パイプスら（Pipes et al., 1985）によるカウンセリングに対する考え調査（Thoughts about Counseling Survey: TACS）が代表的な尺度である。この尺度は，「カウンセラーの応答性」「イメージ変化」という2因子から，カウンセリングを受けることへの不安を測定するための尺度であり，その後「強制されることへの懸念」（Kushner & Sher, 1989）や「スティグマ」（Deane & Chamberlain, 1994）などの因子が追加されている。

　その他の代表的な変数としては，カウンセラーに対して助けを求める際に

予期される利益とリスクや，セルフスティグマなどがある。セルフスティグ
マとは，専門家の援助を受けることで，自分が他者から受け入れられない存
在になると考えることによって生じる，自尊感情や自己価値の低下のことで
ある。利益とリスクの測定には開示期待尺度（Disclosure Expectations Scale:
DES; Vogel & Wester, 2003）が，セルフスティグマの測定には援助要請にお
けるセルフスティグマ尺度（Self-Stigma of Seeking Help Scale: SSOSH; Vogel et
al., 2006）などがそれぞれ開発されており，これまで多くの研究で使用され
ている。

(3) わが国における援助要請・被援助志向性研究

　わが国で援助要請や被援助志向性に関する研究が多く行われるようになっ
たのは，2000年前後からである。それまでも久田・山口（1986）による専門
家への援助要請態度尺度の邦訳版の作成など，援助要請に関する研究は時折
報告されていたものの，全体の研究数は決して多くはなかった。

　研究が増加することになったきっかけのひとつは，水野・石隈（1999）に
よる被援助志向性と被援助行動に関する文献研究の発表である。被援助志向
性とは，「個人が，情緒的，行動的問題および現実生活における中心的な問
題で，カウンセリングやメンタルヘルスサービスの専門家，教師などの職業
的な援助者および友人・家族などのインフォーマルな援助者に援助を求める
かどうかについての認知的枠組み」と定義され，援助要請行動や援助要請意
図だけでなく，それにまつわる認知や態度などを包括的に含む概念である。
水野・石隈（1999）は諸外国の先行研究を体系的にレビューしながら，援助
要請・被援助志向性の重要性を指摘した。

　また，この2000年前後という時期は，わが国で心の問題や心の専門家とい
う存在が世間により広く認知されるようになった時期でもある。1995年には，
公立学校へのスクールカウンセラーの配置が始まり，多くの人々がスクール
カウンセラーという言葉を耳にするようになった。また医療の分野では，
1999年よりうつ病の治療に SSRI（選択的セロトニン再取込み阻害薬）の使
用が開始され，うつ病とその治療が一層身近なものとなった。こうしたこと
で，心理的問題とその援助の専門家の存在が世間に広く認識されていくこと
になったが，このことは同時に，ニーズがありながらも実際には援助を求め

ない者も存在するという事実を注目させることにもつながったのである。

　こうした当時の背景に基づく問題意識と，援助要請・被援助志向性に関する理論的な整備とがあいまって，留学生の被援助志向性（水野・石隈，1998）や，教師の被援助志向性（田村・石隈，2001），大学生の被援助志向性（木村・水野，2004）など，様々な領域における研究が次々と報告されるようになった。そこで次節では，そうした援助要請・被援助志向性研究全体の，主要な研究課題について述べる。

● ◉ ●
2．援助要請・被援助志向性研究における主要な研究課題

(1)　何が助けを求める心を促進・抑制するのか

　援助要請・被援助志向性の研究において最も頻繁に扱われるテーマは，「何が援助要請を促進・抑制するのか」ということである。援助要請・被援助志向性に関連する要因は非常に多く報告されており，それらは「ネットワーク変数」「パーソナリティ変数」「個人の問題の深刻さ，症状」「デモグラフィック要因」の4つに大別される（水野・石隈，1999）。

　しかし，多くの変数が取り上げられる一方で，援助要請が実際にどのような変数と関連するのかについては，研究間で結果が一致しないこともある。こうしたことから近年，援助要請の関連要因に関するメタ分析が行われるようになっている。メタ分析とは，同様の研究を行っている複数の研究結果を，効果量という指標を用いて統合する手法である。たとえば，ナムら（Nam et al., 2010）は，14の論文の研究結果を統合することで，女性のほうが男性よりも専門家への援助要請態度が肯定的であると結論づけている。

　より大規模なメタ分析として，専門家への援助要請態度の関連要因（Nam et al., 2013）や，専門家への援助要請意図の関連要因（Li et al., 2014）に関するものがある（表2-1）。これら2つの分析結果からは，援助要請意図との関連が最も大きいものは専門家への援助要請態度であることがわかる。また，その専門家への援助要請態度と，援助要請意図はともに「利益の予期」と中程度の関連が示されている。

　このことからは，援助要請による利益の予期が，援助要請におけるひとつ

表 2-1　援助要請の関連要因についてのメタ分析結果

表 2-1　援助要請の関連要因についてのメタ分析結果

(Nam et al., 2013; Li et al., 2014 の結果をもとに筆者が作成)

変数	援助要請態度 (Nam et al., 2013)	援助要請意図 (Li et al., 2014)
専門家への援助要請態度	－	.46 ***
利益の予期	.52 ***	.42 ***
リスクの予期	-.26 ***	-.10 **
心理的苦痛	.06	.10
パブリックスティグマ	-.24 ***	-.11 **
セルフスティグマ	-.63 ***	－
ソーシャルサポート	.13 ***	-.01
自己隠蔽	-.17 ***	-.01
自己開示	.34 ***	.16
アジア的価値の遵守	－	-.15 ***
抑うつ	-.07 **	－

$^{**}p<.01, ^{***}p<.001$

の重要な変数であるといえる。実際，この援助要請による利益の予期は，もともと援助要請の意思決定において重要であると考えられてきた変数である。援助要請の生起過程モデル（高木，1997）では，援助要請の意思決定に際して，援助要請あるいは非要請それぞれの利得・出費の分析が行われるとされていた。わが国の実証的研究においても，援助要請による否定的な結果の予期は，援助要請意図に対してほとんど影響せず，援助要請を行うことによる肯定的な結果の予期が援助要請意図に関連するといった報告がある（永井・新井，2007）。これらの結果は，人が助けを求めないのは，「否定的な結果を懸念するため」というよりも「肯定的な結果が得られることを十分認識していないため」という部分が大きい可能性を示唆している。こうした知見は今後，実際に援助要請を促進させるための方策を検討する上で重要な視点である。

　このように，メタ分析を用いた知見の統合などによって，何が助けを求める心を促進・抑制するのかという問いに対する知見を整理していくことができる。わが国においても，水野ら（2014）によってメタ分析が試みられており，研究結果の統合が進んでいる。しかしながらやはり，基本的な課題も多く残されている。たとえば，ナムら（Nam et al., 2013）のメタ分析では，援助要請態度とセルフスティグマとの間にも中程度の負の関連が示されているが，セルフスティグマと援助要請の関連については，わが国ではほとんど研

究が行われていない。そのため今後はさらに，こうした基本的な知見の蓄積と，研究成果の整理・統合とを行っていく必要がある。

(2)　助けを求めることは，よい結果につながるのか

　援助要請・被援助志向性におけるもうひとつの重要な課題は，「他者に助けを求めることは本当に望ましい結果につながるのか」というものである。実際の生活の中では，他者に助けを求めたとしても，期待どおりの援助が得られずに，否定的な結果につながる場合や，他人に頼ってしまったことへの申し訳なさから，自尊感情が傷つくといった事態も生じうるであろう。たとえばリックウッド（Rickwood, 1995）は，思春期の子どもたちを対象として5回にわたる縦断調査を行ったが，援助要請が必ずしも子どもたちの精神的健康の改善につながるわけではないという結果を得ている。

　社会心理学の領域では，援助を受けることで，かえって否定的な反応が引き起こされることがある，ということが早くから注目されていた。フィッシャーら（Fisher et al., 1982）が提唱した自尊心脅威モデルによれば，援助の送り手と受け手それぞれの特性や，援助の内容，文脈によって，援助を受けたことによる影響は異なるとされる。そのため，いったいどのような時に援助要請が適応的となるのかを明らかにすることも，研究上の重要な課題である。

　本田・新井（2008）は，「援助を提供されたときやその後に行われる，提供された援助が自分自身に与えた影響に対する認知的評価」である援助評価に注目し，中学生を対象に調査を行っている。その結果，中学生の学校適応に影響するのは，実際に援助要請を行ったかどうかでなく，援助要請後に提供された援助への援助評価であった。すなわち，援助に対するポジティブ評価が高い場合に学校適応は改善され，逆にネガティブ評価が高い場合には，学校適応は悪化していた。このように，援助要請が望ましい結果につながるためには，援助者から適切な援助が提供される必要がある。

　また，どのような援助が提供されるかだけではなく，援助要請者がどのように援助要請を行うのかという視点も同様に重要である。こうした視点は，教育心理学の中でこれまで主に扱われてきた。たとえば学業場面では，はじめは自分でひと通り考え，どうしてもわからなかった場合にヒントなどを尋

ねる「適切な援助要請」と，自分であまり考えることをせず，ただ答えだけを聞こうとする「依存的な援助要請」とが区別されている（Ryan et al., 2005）。前者のような援助要請は学習上望ましい行動といえるであろうが，後者のような援助要請は本人の学びにとってプラスになるとは限らない。

　悩みの相談においても同様に，どのように援助要請を行うのかという点は考慮される必要がある。たとえば，むやみやたらに人に悩みを相談し，助けてもらおうとする人は，自律性が損なわれたり，周囲から否定的な対応を受けたりするかもしれない。永井（2013）は悩みの相談のような心理的・社会的な問題の援助要請についても，同様の視点が重要であるとして，援助要請を援助要請自立型，援助要請過剰型，援助要請回避型の3つの類型で捉える援助要請スタイル尺度を作成している。

　援助要請・被援助志向性の研究では，なぜ援助要請が行われないのか，どうすれば援助要請を増やすことができるのかという点が注目されがちであるが，いたずらに援助要請の促進ばかりを志向すればよいわけではないという点は，留意しておくべき非常に重要な事柄である。援助要請・被援助志向性がどのようにして適応に結びつくのかという研究は，わが国でも徐々に注目されつつあり，今後の発展が期待されるところである。

● ⊙ ●
3．援助要請・被援助志向性研究の現在

　以上，非常に簡単にではあるが，これまでの援助要請・被援助志向性研究について概観してきた。わが国での援助要請・被援助志向性研究はここ15年で大きく発展しており，これまで様々な尺度や概念が提案され，それらを用いながら多くの新たな知見が報告されている。

　また近年では，先に挙げた2つの課題を土台にして，より実践的な研究も行われるようになっている。援助要請・被援助志向性研究が目指す大きな目的のひとつは，問題を抱える人々が，適応につながるような適切な援助を求めることができる支援・介入方法を確立することである。そのような支援・介入を行う実践的研究は，わが国でも近年報告が増え始めている。しかしながら，ガリバーら（Gulliver et al., 2012）が指摘するとおり，適切な援助要請

を促進する効果的な方法については、各国で検討が行われている最中である。

このように援助要請・被援助志向性の研究は、これまで多くの知見を蓄積してきた一方で、今後研究すべき課題もいまだ多く残されている。特に近年では、研究の領域もより細分化されており、本章では言及することのできなかった概念や尺度、研究課題なども多く存在する。次章より、そうした各領域における成果や課題について述べる。

引用文献

Ajzen, I. 1991 The theory of planned behavior. *Organizational Behavior and Human Decision Processes*, **50**, 179–211.

Cash, T. F., Begley, P. J., McCown, D. A., & Weise, B. C. 1975 When counselors are heard but not seen: Initial impact of physical attractiveness. *Journal of Counseling Psychology*, **22**, 273–279.

Deane, F. P. & Chamberlain, K. 1994 Treatment fearfulness and distress as predictors of professional psychological help-seeking. *British Journal of Guidance and Counselling*, **22**, 207–217.

Fischer, E. H. & Turner, J. L. 1970 Orientations to seeking professional help: Development and research utility of an attitude scale. *Journal of Consulting and Clinical Psychology*, **35**, 79–90.

Fisher, J. D., Nadler, A., & Whitcher-Alanga, S. 1982 Recipient reactions to aid. *Psychological Bulletin*, **91**, 27–54.

Gulliver, A., Griffiths, K. M., Christensen, H., & Brewer, J. L. 2012 A systematic review of help-seeking interventions for depression, anxiety and general psychological distress. *BMC Psychiatry*, **12**, 81.

久田 満・山口登志子 1986 大学生のカウンセリングを受けることに対する態度について(I)——態度尺度の作成. 日本教育心理学会第28回大会発表論文集, 956–957.

本田真大・新井邦二郎 2008 中学生の悩みの経験、援助要請行動、援助評価が学校適応に与える影響. 学校心理学研究, **8**, 49–58.

Kelly, A. E. & Achter, J. A. 1995 Self-concealment and attitudes toward counseling in university students. *Journal of Counseling Psychology*, **42**, 40–46.

木村真人・水野治久 2004 大学生の被援助志向性と心理的変数との関連について——学生相談 友達・家族に焦点を当てて カウンセリング研究, **37**, 260–269.

Kushner, M. G. & Sher, K. J. 1989 Fear of psychological treatment and its relation to mental health service avoidance. *Professional Psychology: Research and Practice*, **20**, 251–257.

Li, W., Dorstyn, D. S., & Denson, L. A. 2014 Psychosocial correlates of college students' help-seeking intention: A meta-analysis. *Professional Psychology: Research and Practice*, **45**, 163–170.

水野治久・石隈利紀 1998 アジア系留学生の被援助志向性と適応に関する研究. カ

ウンセリング研究, **31**, 1-9.

水野治久・石隈利紀　1999　被援助志向性, 被援助行動に関する研究の動向. 教育心理学研究, **47**, 530-539.

水野治久・木村真人・永井 智　2014　我が国における心理的援助要請に関するメタ分析(1)――ソーシャルサポートおよび自尊感情との関連の検討. 日本心理学会第78回大会発表論文集, 379.

永井 智　2013　援助要請スタイル尺度の作成――縦断調査による実際の援助要請行動との関連から. 教育心理学研究, **61**, 44-55.

永井 智・新井邦二郎　2007　利益とコストの予期が中学生における友人への相談行動に与える影響の検討. 教育心理学研究, **55**, 197-207.

Nam, S. K., Choi, S. I., Lee, J. H., Lee, M. K., Kim, A. R., & Lee, S. M.　2013　Psychological factors in college students' attitudes toward seeking professional psychological help: A meta-analysis. *Professional Psychology: Research and Practice*, **44**, 37-45.

Nam, S. K., Chu, H. J., Lee, M. K., Lee, J. H., Kim, N., & Lee, S. M.　2010　A meta-analysis of gender differences in attitudes toward seeking professional psychological help. *Journal of American College Health*, **59**, 110-116.

Pipes, R. B., Schwarz, R., & Crouch, P.　1985　Measuring client fears. *Journal of Consulting and Clinical Psychology*, **53**, 933-934.

Rickwood, D. J.　1995　The effectiveness of seeking help for coping with personal problems in late adolescence. *Journal of Youth and Adolescence*, **24**, 685-703.

Ryan, A. M., Patrick, H., & Shim, S.　2005　Differential profiles of students identified by their teacher as having avoidant, appropriate, or dependent help-seeking tendencies in the classroom. *Journal of Educational Psychology*, **97**, 275-285.

高木 修　1997　援助行動の生起過程に関するモデルの提案. 関西大学社会学部紀要, **29**, 1-21.

田村修一・石隈利紀　2001　指導・援助サービス上の悩みにおける中学校教師の被援助志向性に関する研究――バーンアウトとの関連に焦点をあてて. 教育心理学研究, **49**, 438-448.

Vogel, D. L., Wade, N. G., & Haake, S.　2006　Measuring the self-stigma associated with seeking psychological help. *Journal of Counseling Psychology*, **53**, 325-337.

Vogel, D. L. & Wester, S. R.　2003　To seek help or not to seek help: The risks of self-disclosure. *Journal of Counseling Psychology*, **50**, 351-361.

Wilson, C. J., Deane, F. P., Ciarrochi, J., & Rickwood, D.　2005　Measuring help-seeking intentions: Properties of the general help-seeking questionnaire. *Canadian Journal of Counselling*, **39**, 15-28.

第 **II** 部

援助ニーズを
持つ人の理解

被援助者はどのように援助を求めるのか

第 **3** 章

子どもの援助要請

後藤 綾文 Ayafumi Goto

● ⊙ ●
1．援助要請を促進するには

　本章では，子どもの援助要請研究を，研究対象がおおむね小学生段階の子ども，中学生段階の子ども，高校生段階以降の子どもであるかどうかで分類し，それぞれの段階での援助要請研究を紹介する。さらに，援助要請は様々な概念から説明がされているため，援助要請意図，援助要請態度，援助要請行動の3つの側面から捉えていく。援助要請意図とは，悩みや問題を抱えた際に援助要請をすると思う程度から測定される。援助要請態度は，援助要請に対する肯定的態度（「気持ちを理解してくれそうだ」など）と懸念・抵抗感（「秘密が守られるか心配だ」など）という側面に大きく分けられる（本田ら，2011; 水野，2007）。援助要請行動とは，実際に援助要請をした経験の有無や量により測定される。なお，この章では先行研究で扱われている，援助要請に関わる概念を測定尺度の内容から判断し，操作的に上記の3つの側面に分類している。

⑴　小学生段階での援助要請
　悩みや問題を抱えた小学生はどれくらい存在し，どのように対処しているのだろうか。平成21年度全国家庭児童調査（厚生労働省，2009）では，小学5・6年生で，不安や悩みがあると回答した割合が71.6％にのぼるという報告がある。9〜14歳を対象とした，平成25年度小学生・中学生の意識に関する調査では，「悩みや心配なことはない」と回答した小学生は50.3％となっており，およそ半数程度の小中学生は悩みや心配なことを抱えながら学校生活を過ごしていることがうかがわれる（内閣府，2014）。

第Ⅱ部　援助ニーズを持つ人の理解——被援助者はどのように援助を求めるのか

　悩みや心配なことがある際に，相談相手として最も選ばれるのは，保護者（母親）のようである（学研教育総合研究所，2013; 佐藤・渡邉，2013）。しかし，小学 4 ～ 6 年生に行った調査では，援助要請意図がありながらも援助要請行動を行わなかった相手としても，保護者を選択した子どもの割合が高く（16.7％），次いで友だち（15.2％），担任（13.3％）が挙げられている（佐藤・渡邉，2013）。ソーシャルサポート研究においても，サポートを受ける相手として，保護者を選択するよりも親しい友人を選択することが中学入学以降に増えることが示されている（尾見，1999）。

　学校で関わる友人と教師への援助要請については，学校生活に対する満足感やソーシャルサポートなどと，援助要請意図との関連が指摘されている。永井（2009）は，援助要請意図の促進・抑制要因として，学校生活満足度（河村・田上，1997）や悩みの経験を取り上げている。学校・学級において，不適応感やいじめ・ひやかしなどの被害を受けていると感じている場合には，友人への援助要請意図が低く，教師への援助要請意図は高いことが示されている。一方，自分の存在や行動が認められていると感じている場合には，友人への援助要請意図と教師への援助要請意図が高いことが明らかになっている。悩みの経験が多いと，友人への援助要請意図が高まるが，教師への援助要請意図には影響しないことも示されている。そして，友人，教師からのソーシャルサポートは，それぞれへの援助要請意図を高めることも示されている（永井・松田，2014）。学校の環境として，周囲からサポートが得られる，周囲に自分が受け入れられているかという点が重要と考えられる。

　男女で比較してみると，女子のほうが男子よりも援助要請意図が高い（佐藤・渡邉，2013; 永井，2009）。ソーシャルサポートを受ける相手として友人を選択するのは女子が多く（尾見，1999），性別と友人への援助要請意図との関連も見出されている（永井・松田，2014; 永井，2009）。教師への援助要請意図に対しては，性別による差異や関連について研究結果は一致していない。担任であれば男子のほうが援助要請しやすいと感じていることが示されているが（佐藤・渡邉，2013），性別から教師への援助要請意図への影響は見出されなかった研究（永井・松田，2014; 永井，2009）もある。援助要請をする相手として，インフォーマルな他者であるか，フォーマルな他者であるかによって，性別による影響は異なる（永井・新井，2005）ことが小

学生においても推測される。

　小学生を対象にした援助要請研究は，まだ数が少ないため，今後検討していくべき点を以下に挙げていきたい。そもそも，援助要請後に他者からどのような反応が返ってくるか，援助要請する自分自身をどう思うかなどを客観的に捉えるには，認知的な発達が関わってくる。小学生段階では，援助要請態度の肯定的態度と懸念・抵抗感という側面は，未分化であることも指摘されている（西谷・桜井，2006）。自分と他者とを比較する社会的比較が可能になる時期は小学4年生あたりであり（外山，1999），その背景にはメタ認知の発達が関わっている（Nelson-Le Gall, 1985）。そこで，幼児や小学校低学年を対象にし，受けた援助に対して返報できない際の不快感情に注目することで，援助要請の懸念・抵抗感を捉えようとした研究もある（大島，2016; 泉井，2009）。このように，小学生段階での援助要請を捉えるには発達的特徴を含めた方法論を考えていく必要があるだろう。

(2)　中学生段階での援助要請

　平成21年度家庭児童調査（厚生労働省，2009）では，不安や悩みがあると回答した中学生の割合が81.2％であるという調査結果が示されている。大学生に行った調査でも，回答者の約72％が，中学生の時期に悩みを抱えたと答えている（岩瀧，2009）。9〜14歳を対象とした，平成25年度小学生・中学生の意識に関する調査では，「悩みや心配なことはない」と回答した中学生は27.2％であることから，7割を超す中学生は悩みや問題を抱えているということになる（内閣府，2014）。

　悩みや問題を抱える中学生が多いことが推測される中，中学生・高校生を対象にした全国的な調査（石隈・小野瀬，1997）において，悩みを抱えながら誰にも相談しない者が38％存在したことが報告されている。中学生段階では，教師やスクールカウンセラーと比べて，友人や保護者を援助要請する相手として選択しやすいことがいくつかの研究で示されているが（永井，2012; 石隈・小野瀬，1997），友人に援助要請をすることには懸念・抵抗感が最も生まれやすいことも指摘されている（水野ら，2006; 永井・新井，2005）。思春期にあたり悩みを抱えつつも，周囲からの評価に敏感であるため（上野ら，1994），援助要請をしにくい現状がうかがわれる。

　永井（2012）は中学生1〜3年生を対象にし，心理・社会的な悩み，学習・進路的悩みともに，性別にかかわらず，友人，保護者，教師という順序で，援助要請意図が低くなっていることを指摘している。友人，保護者，教師からのソーシャルサポートは，それぞれへの援助要請意図を高める（水野ら，2006）ことから，中学生にとってのソーシャルサポートの得やすさも関わっているだろう。そして，悩みの内容によらず，男子より女子のほうが友人への援助要請意図が高いことも明らかにされている（永井，2012）。女子のほうが悩む経験も多く（永井・新井，2005; 2009），それゆえ友人への援助要請意図が高いことは多くの研究で認められている（本田ら，2011; 永井・新井，2009; Rickwood et al., 2005; 山口ら，2004）。

　教師への援助要請意図については，友人や保護者への援助要請意図と比べて低いという結果が多く報告されているものの（永井，2012; 永井・新井，2005），その有効性は注目すべきである。教師は教師同士の情報交換により多面的な情報を持っており（岩瀧・山崎，2008），中学生の身近に存在する大人としてサポートすることができる。特に中学3年生では，性別にかかわらず学習・進路的悩みについて，教師への援助要請意図が高いことも示されている（永井，2012; 永井・新井，2009）。男女ともに教師は有用な援助者となりうるのである。

　中学生の援助要請意図を促進する要因として取り上げられることが多いのは，援助要請態度である。援助要請態度の中でも，肯定的態度による影響は多くの研究（たとえば，後藤・平石，2013; Shaffer et al., 2006; Vogel et al., 2006）で一貫して認められている要因である。女子の援助要請意図が高い結果が示されているのは，女子は男子よりも友人や保護者への援助要請態度が肯定的である（本田ら，2011）からともいえる。

　永井・新井（2007）は，利益とコストという視点から新たな尺度を開発している。この尺度では援助要請態度を肯定的か否定的かという一軸で見るのではなく，利益とコストという視点から，援助要請をすることによる肯定的・否定的な結果の予期，援助要請をしないことによる肯定的・否定的な結果の予期という4種類の結果の予期が想定されている。友人への援助要請意図と援助要請態度（肯定的・否定的な結果の予期），学校生活満足度（河村，1999）との関連を検討した結果，肯定的な結果の予期が援助要請意図を高め

ることが見出されている。学校や学級で不適応感やいじめ・ひやかしなどの被害を受けていると感じている場合には，否定的な結果の予期を高めること，一方で，自分の存在や行動が認められていると感じている場合には，肯定的な結果の予期を高めることが示されている。そして，肯定的な結果の予期は友人への援助要請意図を高めることも明らかになっている。

　永井・新井（2007）の調査から，周囲の生徒たちとの関わりを深め，学校への適応感を高めることが肯定的な結果の予期を高めるために有効と考えられる。さらに，後藤・平石（2013）は，生徒の肯定的態度には同じ学級に所属する他生徒たちが援助要請に対して肯定的態度を持っていることが影響を及ぼすことを明らかにしている。いじめ被害についても，生徒や教師がいじめに対して許容的であると感じている生徒ほど，援助要請行動を控えることが示されている (Williams & Cornell, 2006)。深刻な悩み（自殺念慮）を持つ生徒であっても，多様なソーシャルサポートがあるならば援助要請意図が高いこと，実際の援助要請行動に至るには援助してくれる大人の存在をどれだけ感じられるかが関わっていることが指摘されている (Pisani et al., 2012)。

　これらの研究からは，普段の生活の中で，周囲からサポートが得られる環境や，他者に援助要請を受け入れられる雰囲気や関係性を築いておくことが，中学生の援助要請態度や援助要請意図を高め，援助要請をするに至る重要な要因のひとつであると考えられる。

　最後に，中学生段階の援助要請を検討するにあたっては，悩みの内容を見ていく必要がある。中学生の経験しやすい悩みとしては，2 つ（学習・進路的悩み，心理・社会的悩み）に大別する研究から 4 つまたは 5 つ（学習，進路，心理，対人，健康など）に細かく分ける研究が多い。中学校の学習は小学校よりも科目が増え，学習内容も難しくなるため，心理・社会的悩みよりも学習・進路的悩みのほうが経験しやすいようである（永井・新井，2008）。学年が上がるにつれて，学習・進路的悩みについて，友人への援助要請意図や教師への援助要請意図が高くなっていく（永井，2012; 永井・新井，2009）ことは，一般的に，中学 3 年生において高校受験に向けて学習・進路的悩みが深まるためだと推測される。調査対象となる中学生の学年や性別により，援助要請に関わる要因間の関連も異なることを想定して，研究を進める必要があるだろう。

⑶　高校生段階での援助要請

　中学生と同様に，悩みを抱えながらも誰にも相談しないと回答した高校生は38％存在することが指摘されている（石隈・小野瀬，1997）。不安や悩みがあると回答した，高校生にあたる15〜18歳未満の子どもたちは84.9％であったという調査報告もある（厚生労働省，2009）。

　高校生が悩んだ際に援助要請をする相手は，小中学生，大学生と同様に（永井，2009; 2010; 永井・新井，2005）友人のようである。岡本ら（2014）は，高校1〜3年生のすべての学年で，友人への援助要請意図が教師への援助要請意図よりも高いことを明らかにしている。友人からのソーシャルサポートがあること，悩みの経験が多いこと，学校への適応感が高いことは，それぞれ友人への援助要請意図を高めることも示されている。男女差については，女子のほうが男子よりも友人への援助要請意図が高く，小中学生と同様の結果が得られている。

　教師への援助要請意図も，小中学生と同様に低いことが指摘されている。過去6カ月間に教師への援助要請をしたと回答した生徒は全体の48.9％，1〜2回しかないと回答した生徒と合わせると80％に及ぶという報告がある（高木・太田，2010）。しかし，教師からのソーシャルサポートは教師への援助要請意図を高めることが指摘されている（岡本ら，2014）。自殺念慮について援助要請をした生徒は援助要請をしなかった生徒と比べ，援助してくれる大人の存在をより感じていることが示されている（Pisani et al., 2012）。普段の生活の中では援助要請をする相手として選択されにくくとも，高校生にとってサポートを得やすい関係性を教師と築いておくことが必要だろう。

　ここまで小中学生の援助要請研究と同様の結果が得られていると述べてきたが，高校生の援助要請研究だけに見られる傾向もある。岡本ら（2014）の研究では，援助要請研究において一般的に見られる，悩みの経験が多いことが教師への援助要請意図を高めるという影響が見出されなかった。高校生は悩めば悩むほどに，教師は相談相手として選ばれない可能性がある。

　ソーシャルサポート研究（谷口・田中，2008; 谷口・浦，2003）では，友人へのサポートを受けた量と提供した程度の差が極端に少ないまたは多い場合に，高校生では無気力やストレス反応が高いことが指摘されている。この関連は小学生や中学生では見られない。児童期，青年期の友人関係の発達で

は，チャム・グループを形成する中学生段階を経て，高校生段階ではピア・グループを形成するといわれている（保坂，1998）。お互いを認め合えるような友人関係を築きたい高校生だからこそ，サポート授受の互恵性に意識が向くと考えられる。互恵性に意識が向くために，援助要請に対する懸念・抵抗感は高いことが推測される。

　さらに，高校生への調査では，卒業生の大学進学率に基づき「進学校」「進路多様校」「非進学校」という学校種を分けた分析が行われていることから，それぞれの高校で援助要請に関して様々な傾向があると思われる。小中学生で援助要請意図と関連があった学校生活満足度（河村，1999; 河村・田上，1997）についても，学校種による傾向が見出されている（河村・藤原，2010）。学校や学級で不適応感やいじめ・ひやかしなどの被害を受けていると感じている割合は「非進学校」「進学校」「進路多様校」の順で高く，一方で自分の存在や行動が認められていると感じている割合は「進学校」「進路多様校」「非進学校」の順で高いことが示されている。

　以上から，小中学生や大学生という発達段階とは異なる高校生段階の援助要請に共通して，あるいは独自に関わる要因について今後明らかにしていく研究が求められる。

● ◎ ●
2．援助要請をすることは適切な選択なのか

　援助要請を行うことが精神的健康において適切であるという立場から，援助要請の促進・抑制について，これまで多くの研究で検討されている。しかし，ただ援助要請をすることで精神的健康につながるのだろうか。

　このような視点から，受けた援助に対してどのような認知的評価を行うかに注目している研究もある。本田・石隈（2008）は，「援助を提供されたときやその後に行われる，他者から提供された援助が自分自身に与えた影響に対する認知的評価」として，援助評価を定義づけている。悩みや問題が改善されたという内容が含まれる「問題状況の改善」，具体的な対処に迷っているという内容が含まれる「対処の混乱」，他者から支えられていると知覚していることを表す「他者からの支えの知覚」，他者に頼りすぎているという

内容が含まれる「他者への依存」という4つの下位尺度による援助評価尺度が作成されている（本田・石隈，2008）。本田・新井（2008）は中学生に調査を行い，「問題状況の改善」と「他者からの支えの知覚」を合わせた肯定的な評価が，援助要請後の学校への適応感を高めることを明らかにしている。「対処の混乱」と「他者への依存」を合わせた否定的な評価は，逆に学校への適応感を低めていた。援助要請をしたとしても受けた援助をどのように評価するかによって，援助要請後の精神的健康は変わりうるのである。ただし，援助評価は主観的な評価であるため，援助要請をする必要はないと第三者からは判断されているとしても，本人は高い評価をする可能性がある。

　では，援助要請をするという選択をするとして，どのような援助要請をすれば適切なのだろうか。教育心理学や学習心理学の分野で行われている学習場面での援助要請の研究では，援助要請の質を区別している。瀬尾（2007）は，学習問題に対するヒントや解き方の説明を求める自律的な援助要請態度と，解答を求める依存的な援助要請態度に分けている。そして，中学生と高校生に調査を行った結果，学習上の失敗を活かして対処する学習観を持っていることが，何がわからないのか，なぜわからないのか自分のつまずきを明確化することを促し，自律的な援助要請態度を高めることを示している。

　最後に，援助要請をしないことは適切ではない選択なのか。援助要請行動を回避する目的によっては必ずしも不適応につながらないことや援助要請行動の頻度と課題達成との関連が見られないことが指摘されている（村山・及川，2005; Newman, 1998）。援助要請をするには，自分がつらい，悲しいなどの不快感情を受け止めなくてはならない点も加えて指摘したい。この不快感情に向き合う力がない中で，援助要請をやみくもに促進するようにしていいのだろうか。思春期にあたる時期には援助を受ける自分を認められず，どのような援助も受け入れがたいかもしれない。

　援助要請をするという選択が正解なのか，援助要請の評価や質，目的，子どもの発達段階などをふまえた研究が今後求められる。

● ☉ ●
3．援助要請の仕方は学ぶことができるのか

　上記に挙げてきた研究知見をもとに，子どもたちの援助要請態度や意図，行動との関連要因として，援助要請スキルやメンタルヘルスリテラシーに注目した調査研究や実践研究が報告されてきている。

　岩瀧（2008）は，中学生が相談を控える理由の多くが援助要請スキルの不足であることを指摘している。非言語で援助要請を行う「情緒的表現性援助要請スキル」，教師と自分との関係をふまえたうえで援助要請を行う「社会的関係性援助要請スキル」，言語を使って援助要請を行う「理性的伝達性援助要請スキル」が高いことが，学校での友人や教師との対人関係を良好にすることが示されている（岩瀧，2007）。言語だけでなく非言語も含めた援助要請スキルが高い中学生は，学習・進路的悩みや心理・社会的悩みについての援助要請意図が高いことも明らかにされている（阿部ら，2006）。

　また，「精神障がいに対する気づき，対処，あるいは予防に関する知識や考え方」であるメンタルヘルスリテラシー（Jorm et al., 1997）への介入を試みている実践もある。佐藤ら（2014）は，高校2年生に対して「こころの健康」という授業を行っている。3カ月後の効果測定の結果から，メンタルヘルスの知識の理解度は授業直後の効果測定時に比べて低下するものの，カウンセリングや精神科受診への否定的なイメージや態度は授業直後の効果測定時に改善されたまま維持されやすいことを報告している。メンタルヘルスリテラシーを，落ち込みに対する否定的な認識の修正という視点から捉えた研究もある（肥田ら，2015; 水野，2012）。

　実践の効果は，子どもの援助要請意図や態度の変化があったかという点から検討されているが，援助要請を受け入れる雰囲気がつくられたかという点も検討する意義があると考える。たとえ援助要請意図が高まったとしても，その援助要請が受け入れられるような環境がなければ援助要請行動に至るのは難しいだろう。援助要請が受け入れられれば，その後に悩みを抱えた際にも援助要請をしようと思う，もしくは他者から援助要請をされた際に応えようとするという良循環が生まれるのではないだろうか。

第Ⅱ部　援助ニーズを持つ人の理解——被援助者はどのように援助を求めるのか

● ⊙ ●
４．子どもの援助要請における今後の課題

　本章では，小学生段階の子ども，中学生段階の子ども，高校生段階の子どもの援助要請について概説してきた。子どもの援助要請についての全体的な傾向は少しずつ明らかにされてきており，研究知見をもとにした実践研究も進んできている。これまでの研究から，ソーシャルサポートや学校生活満足度，学校への適応感などは，子どもの援助要請意図や態度に一定の影響力があるようである。そして，これらの影響因の背景には，援助要請が受け入れられる雰囲気や関係性が存在することが推測される。援助要請意図や態度を高めるために，援助要請が受け入れられる雰囲気や関係性を高める介入を行うことも有効かと思われる。また，援助要請が対人的相互作用であることをふまえ，子ども自身の援助要請と他者からの援助，子どもの援助と他者からの援助要請という循環的な関係を捉えていくことも必要だろう。本章では扱うことのできなかった援助要請の発達的変化や深刻な悩みや問題についての援助要請など，さらなる研究が望まれるところである。

引用文献
阿部聡美・水野治久・石隈利紀　2006　中学生の言語的援助要請スキルと援助不安，被援助志向性の関連．大阪教育大学紀要第Ⅳ部門教育科学，**54**，141-150.

学研教育総合研究所　2013　小学生の日常生活に関する調査．
http://www.gakken.co.jp/kyouikusouken/whitepaper/201303/index.html（2015年11月2日）

後藤綾文・平石賢二　2013　中学生における同じ学級の友人への被援助志向性——学級の援助要請規範と個人の援助要請態度，援助不安との関連．学校心理学研究，**13**，53-64.

肥田乃梨子・石川信一・高田みぎわ　2015　メンタルヘルスリテラシーへの介入プログラムの実践——中学校におけるパイロット・スタディ．心理臨床科学，**5**，35-45.

本田真大・新井邦二郎　2008　中学生の悩みの経験，援助要請行動，援助に対する評価（援助評価）が学校適応に与える影響．学校心理学研究，**8**，49-58.

本田真大・石隈利紀　2008　中学生の援助に対する評価尺度（援助評価尺度）の作成．学校心理学研究，**8**，29-39.

本田真大・新井邦二郎・石隈利紀　2011　中学生の友人，教師，家族に対する被援助志向性尺度の作成．カウンセリング研究，**44**，254-263.

保坂亨　1998　児童期・思春期の発達．下山晴彦編　教育心理学Ⅱ　発達と臨床援助

の心理学. 東京大学出版会.

石隈利紀・小野瀬雅人 1997 スクールカウンセラーの求められる役割に関する学校心理学的研究——子ども・教師・保護者を対象としたニーズ調査より. 文部省科学研究費補助金・研究成果報告書.

岩瀧大樹 2007 中学生の教師への援助要請スキルに関する調査研究——学校生活適応との関連に注目して. 昭和女子大学大学院生活機構研究科紀要, **16**, 85-98.

岩瀧大樹 2008 中学生が抱える悩みおよび悩みに対する相談相手・相談抑制理由に関する研究 -1. 昭和女子大学大学院生活機構研究科紀要, **17**, 53-68.

岩瀧大樹 2009 中学校3年間の悩みおよび教師への援助要請経験に関する研究——大学生を対象とした回想法による検討. 學苑, **823**, 74-87.

岩瀧大樹・山崎洋史 2008 中学生への教育相談の援助サービスに関する研究教師への援助要請スキルとパーソナリティとの関連. 東京海洋大学研究報告, **4**, 27-35.

Jorm, A. F., Korten, A. E., Jacomb, P. A., Christensen, H., Rodgers, B., & Pollitt, P. 1997 "Mental health literacy": A survey of the public's ability to recognize mental disorders and their beliefs about the effectiveness of treatment. *Medical Journal of Australia*, **166**, 182-186.

河村茂雄 1999 生徒の援助ニーズを把握するための尺度の開発（1）学校生活満足度尺度（中学生用）の作成. カウンセリング研究, **32**, 274-282.

河村茂雄・藤原和政 2010 高校生の学校適応を促進するための援助に関する研究——学校タイプ, 学校生活満足度の視点から. 学校心理学研究, **10**, 53-62.

河村茂雄・田上不二夫 1997 いじめ被害・学級不適応児童発見尺度の作成. カウンセリング研究, **30**, 112-120.

厚生労働省 2009 平成21年度全国家庭児童調査の概要. http://www.mhlw.go.jp/stf/houdou/2r9852000001yivt-att/2r9852000001yjcp.pdf （2015年5月29日）

水野治久 2007 中学生が援助を求める時の意識・態度に応じた援助サービスシステムの開発. 文部科学省科学研究費補助金・研究成果報告書.

水野治久 2012 中学生のカウンセラーに対する被援助志向性を高めるための介入プログラムの開発. 文部科学省科学研究費補助金・研究成果報告書.

水野治久・石隈利紀・田村修一 2006 中学生を取り巻くヘルパーに対する被援助志向性に関する研究——学校心理学に関する視点から. カウンセリング研究, **39**, 17-27.

村山 航・及川 恵 2005 回避的な自己制御方略は本当に非適応的なのか. 教育心理学研究, **53**, 273-286.

永井 智 2009 小学生における援助要請意図——学校生活満足度, 悩みの経験, 抑うつとの関連. 学校心理学研究, **9**, 17-24.

永井 智 2010 大学生における援助要請意図——主要な要因間の関連から見た援助要請意図の規定因. 教育心理学研究, **58**, 46-56.

永井 智 2012 中学生における援助要請意図に関連する要因——援助要請対象, 悩み, 抑うつを中心として. 健康心理学研究, **25**, 83-92.

永井 智・新井邦二郎 2005 中学生における悩みの相談に関する調査. 筑波大学発達臨床心理学研究, **17**, 29-37.

永井　智・新井邦二郎　2007　利益とコストの予期が中学生における友人への相談行動に与える影響の検討．教育心理学研究, **55**, 197-207.

永井　智・新井邦二郎　2008　悩みの種類から見た中学生における友人に対する相談行動――予期される利益・コストとの関連．学校心理学研究, **8**, 41-48.

永井　智・新井邦二郎　2009　中学生における友人に対する援助要請の統計的特徴――相談行動，悩みの経験，利益・コストにおける基礎的データの検討．筑波大学発達臨床心理学研究, **20**, 11-20.

永井　智・松田侑子　2014　ソーシャルスキルおよび対人的自己効力感が小学生における援助要請に与える影響の検討．カウンセリング研究, **47**, 147-158.

内閣府　2014　平成25年度 小学生・中学生の意識に関する調査．http://www8.cao.go.jp/youth/kenkyu/thinking/h25/junior/pdf_index.html（2015年5月29日）

Nelson-Le Gall, S.　1985　Help-seeking behavior in learning. *Review of Research in Education*, **12**, 55-90.

Newman, R. S.　1998　Students' help seeking during problem solving: Influences of personal and contextual achievement goals. *Journal of Educational Psychology*, **90**, 644-658.

西谷美紀・桜井茂男　2006　児童の援助要請行動尺度作成の試み．日本学校心理学会第8回大会発表抄録集, 22.

岡本淳子・佐藤秀行・永井　智・下山晃司　2014　高校生の援助要請における諸変数の関連の検討．立正大学臨床心理学研究, **12**, 13-22.

尾見康博　1999　子どもたちのソーシャル・サポート・ネットワークに関する横断的研究．教育心理学研究, **47**, 40-48.

大島みずき　2016　児童期における未返報時の不快感情の発達的変化．感情心理学研究, **23**, 87-94.

Pisani, A. R., Schmeelk-Cone, K., Gunzler, D., Petrova, M., Goldston, D. B., Tu, X., & Wyman, P. A.　2012　Associations between suicidal high school students' help-seeking and their attitudes and perceptions of social environment. *Journal of Youth Adolescence*, **41**, 1312-1324.

Rickwood, D., Deane, F. P., Wilson, C. J., & Ciarrochi, J.　2005　Young people's help-seeking for mental health problems. *Australian e-Journal for the Advancement of Mental Health*, **4**(3), 1-34.

佐藤美和・渡邉正樹　2013　小学生の悩みとそれに対する援助要請行動の実態．東京学芸大学紀要　芸術・スポーツ科学系, **65**, 181-190.

佐藤修哉・内田知宏・高橋由佳・本庄谷奈央・伊藤晃代・安保英勇・上埜高志　2014　高校生のメンタルヘルスリテラシーおよび相談意欲の向上を目的とした介入の効果の検討．東北大学大学院教育学研究科研究年報, **62**, 119-132.

瀬尾美紀子　2007　自律的・依存的援助要請における学習観とつまずき明確化方略の役割――多母集団同時分析による中学・高校生の発達差の検討．教育心理学研究, **55**, 170-183.

Shaffer, P. A., Vogel, D. L., & Wei, M.　2006　The mediating roles of anticipated risks, anticipated benefits, and attitudes on the decision to seek professional help: An attachment perspective. *Journal of Counseling Psychology*, **53**, 442-452.

高木 修・太田 仁　2010　高校生の学校生活における援助要請態度．関西大学社会学部紀要, **41**, 89-104.

谷口弘一・田中宏二　2008　児童・生徒のサポートの互恵性と精神的健康——交換志向性の調整効果．心理学研究, **79**, 53-59.

谷口弘一・浦 光博　2003　児童・生徒のサポートの互恵性と精神的健康との関連に関する縦断的研究．心理学研究, **74**, 51-56.

外山美樹　1999　児童における社会的比較の様態．筑波大学発達臨床心理学研究, **11**, 69-75.

上野行良・上瀬由美子・松井 豊・福富 護　1994　青年期の交友関係における同調と心理的距離．教育心理学研究, **42**, 21-28.

Vogel, D. L., Wade, N. G., & Haake, S.　2006　Measuring the self-stigma associated with seeking psychological help. *Journal of Counseling Psychology*, **53**, 325-337.

泉井みずき　2009　幼児期からの被援助時の不快感情の発達——いつから助けられることに不快感情を感じるのか．東京学芸大学学校教育学研究論集, **20**, 1-15.

Williams, F. & Cornell, D.　2006　Student willingness to seek help for threats of violence in middle school. *Journal of School Violence*, **5**, 35-49.

山口豊一・水野治久・石隈利紀　2004　中学生の悩みの経験・深刻度と被援助志向性の関連——学校心理学の視点を生かした実践のために．カウンセリング研究, **37**, 241-249.

学校の保健室と援助要請

平井 美幸　Miyuki Hirai

　日本の学校に設置されている保健室には，多くの場合，いわゆる「保健室の先生」がいる。正式には「養護教諭」といい，子どもの心身の健康支援を教育活動に位置づけて行う，専門性を有する教員である。本書を手にする読者ならば，子どもが保健室に来室し，苦戦する状況や心の内を語り，身体化される不調を訴える様子が思い浮かぶだろう。実際の保健室には，子どもの保護者や，養護教諭にとって同僚である教師もまた，保健室を訪れては養護教諭にその思いを語る現実がある。

　養護教諭に対して保護者は援助を求めるのだろうか。中学生をもつ母親を対象とした筆者の調査によると，養護教諭に援助を求めていることが明らかになっている。子どもの属性や課題によって母親の心配は異なるため，保護者のニーズに適合した援助を検討する必要がある。このとき養護教諭は，保護者の情緒面にも配慮して個別的に関わり，援助チームを構築していく。これを保護者支援として実践している。

　しかし，保健室を活動の拠点とする養護教諭は，保護者と接する機会が少ない。養護教諭はいつ保護者を意識して，どのように関わるのか。たとえば，保健だよりの発行による適切な情報提供や子どもに応じた援助の中でも，養護教諭は日常的に保護者を意識している。こうした活動において保護者とつながる小さな積み重ねが，信頼関係を築く基盤となる。信頼関係構築の過程においては，援助者としての共感性を高めることで保護者の援助要請意図を敏感に汲みとり，援助要請を促進させ，学級担任などの教師や専門職に援助要請をつなげる関わりを大切にしたい。養護教諭に期待されているコーディネーターの役割には，本書でも言及されている援助要請カウンセリングの機能を発揮することが望まれる。

　子どもや保護者に対して養護教諭が専門的な役割を遂行することは，教職員からの信頼をもたらすだろう。学級担任をはじめとする教師は，山積する子どもの教育課題を前に，その保護者と関わる困難さを感じている。そのため，養護教諭が直接，保護者に関わる場合には，校内連携という流れの中で担任への支援が重要となる。学級担任の援助要請に呼応し，教師をサポートする。これは，子どもや保護者への援助につながるといえよう。一方，校内に一人，もしくは少数配置の養護教諭も，様々な困難さを抱いている。バーンアウトも例外ではない。子どもや保護者，教師の援助要請に応える養護教諭自身の援助要請を解明することは，喫緊の課題である。今後，学校の保健室という舞台にある養護教諭に着目することは，援助要請研究に新たな示唆を与える可能性を秘めているだろう。

第 **4** 章

親の援助要請

本田 真大　Masahiro Honda

●⊙●
1．子育て支援領域における援助要請研究の必要性と意義

⑴　子育ての悩みに関する相談の実態

　現代社会の子育てで相談することは以前ほどには簡単ではないようである。子育てに関する調査の「大阪レポート」と「兵庫レポート」を比較すると，身近にいる世間話や赤ちゃんの話をする相手の人数の質問に「いない」と回答した1歳6か月児の親は1980年（大阪レポート）では10.5%であったのに対し，2003年（兵庫レポート）では22.5%に上昇していた（原田，2003）。通信技術の発達の影響も考慮すべきであるが，直接子育てについて話す相手が減っていることは相談しづらさにつながる可能性があろう。

　地域の子育て支援サービスは十分に活用されているとはいいがたい。子ども・子育てビジョンの中間評価として行われた子育て支援サービスの利用に関するインターネット調査では（内閣府政策統括官［共生社会政策担当］，2012），「地域子育て支援拠点（地域子育て支援センター，つどいの広場など）」や「ファミリーサポート・センター」などの地域子育て支援サービスの利用者は7,520名中の11.8%に留まっていた。利用しない理由を複数回答で尋ねたところ，6,633名の回答からは「利用したいサービスが地域にない（21.8%）」，「自分がサービスの対象者になるのかどうかわからない（17.1%）」，「サービスの利用方法（手続き等）がわからない（14.9%）」などが多く，「特に理由はない（38.4%）」が最も多かった。この「特に理由はない」という回答者の中に相談をためらうために利用しない者が含まれている可能性がある。

　さらに，子どもの精神的問題に関連した専門機関の利用も十分とはいえない。奥山（2010）は対象医療機関（16機関）を受診した初診・再診の患者お

よび家族4,323名の中で，家族は子どもが5歳の頃に「他人との関わり」「問題行動」「発達の遅れ」などの心の問題に気づくものの，約68％が「症状に気づいた時にどこに相談して良いか迷った」と回答したことを報告しており，専門病院の受診までには平均2.4年かかることが明らかになった。

　以上の実態調査をまとめると，現代の子育てにおいては身近に相談できる人が減り，また子育て支援サービスや他の専門的援助も十分には利用されていないことがうかがわれる。

⑵　子育て支援と援助要請

　子ども・子育て支援新制度（平成24年8月に成立した「子ども・子育て支援法」，「認定こども園法の一部改正」，「子ども・子育て支援法及び認定こども園法の一部改正法の施行に伴う関係法律の整備等に関する法律」の子ども・子育て関連3法に基づく制度）の中では「利用者支援」（子育て家庭や妊産婦がニーズに合わせて必要な支援を選択し利用できるために，情報提供や相談・援助を行うこと）がうたわれており（内閣府・文部科学省・厚生労働省，2015），利用をためらう親の心理を考慮した子育て支援サービスやシステムの構築，およびそのような親への直接的な支援方法の開発は重要な課題であろう。

　相談をためらう心理への援助に資すると期待されるのが援助要請研究である。援助要請とは「情動的または行動的問題を解決する目的でメンタルヘルスサービスや他のフォーマルまたはインフォーマルなサポート資源に援助を求めること」（Srebnik et al., 1996）と定義される。親の援助要請の促進，すなわち親が子育てで援助が必要な時に安心して要請できることは，子どもの問題行動や深刻な症状，発達障害などの早期発見と支援，虐待の予防といった子育てを取り巻く現代的な課題の解決に資すると期待され，今後の子育て支援においてますます重要になるであろう。本章では子育て支援領域の援助要請研究を展望し，今後の研究と実践上の課題を示す。なお，援助要請には様々な概念があるが，本章では本田ら（2011），本田（2015a，b）に基づき主に援助要請態度（相談に対する肯定的または否定的な態度や考え方），援助要請意図・意志（相談したいという思い），援助要請行動（実際に相談する行動）の3つの点から解説する。

●⊙●

2．子どもの問題状況に関する親の援助要請研究

⑴ 子育ての悩みや問題状況のとらえ方

　乳幼児期には子どもの言語発達や社会性などの発達上の問題が検討され（本田・新井，2010; Skeat et al., 2010），児童期には情緒的・行動的問題を内在化問題と外在化問題の点からとらえて研究しているものが多かった（たとえば，Raviv, Raviv, Edelstein-Dolev et al., 2003）。青年期である16〜17歳の子どもの親を対象とした研究では，子どもの学業や性，薬物など青年期に遭遇しやすい問題が取り上げられていた（Raviv et al., 1992）。

　以上のように，援助要請研究においては子どもの発達段階ごとに子育て上の問題のとらえ方が異なり，乳幼児期には発達上の問題，児童期には内在化問題と外在化問題，青年期にはその時期に特に直面しやすい子育て上の問題が扱われていた。いずれの発達段階にも共通していたのは子どもの発達的・情緒的・行動的問題を扱っていることであり，親自身の悩み（夫婦関係，経済的問題など）をあわせて検討した援助要請研究はほとんど行われていないのが現状である。

⑵ 援助要請態度の構造

　国内で研究されている援助要請態度や被援助志向性を測定する尺度（たとえば，本田ら，2011）は主に認知的成分を測定しており，下位尺度は「被援助に対する期待感」（positive expectations for receiving help）と「被援助に対する抵抗感」（thoughts of resistance toward receiving help）の2側面に大きく分類できる（本田，2015b）。

　幼児期の親の援助要請態度について，本田ら（2009）は身近な他者と専門機関に相談しづらい理由（抵抗感）を尋ねている。その結果，身近な他者に対しては「母子への悪影響の恐れ（子育てを非難される，など）」と「関係性に対する懸念（相談しても理解されない，など）」の2つの内容が得られ，専門機関（保健所・保健センター，医療機関など）に相談しづらい理由（抵抗感）は「未知による漠然とした抵抗感（どうせ役に立たない，など）」と「具体的な心配事（上手く伝える自信がない，など）」という具体性の違いに

よって分類された。

　児童期においては，広義の援助要請態度に含まれるものとして小学生の親がスクールカウンセラーなどに相談する際の心配に関する研究がある（Raviv, Raviv, Propper et al., 2003）。小学生の親の援助要請の心配には，「子どもに起こり得る危害への心配」と「親への脅威や損失（コスト）への心配」の2つが得られており（Raviv, Raviv, Propper et al., 2003），前者にはスティグマ（友人や近所の人に「困った子だ」「問題のある家族だ」と思われる）や問題が固定化したり増悪したりすることの心配が含まれ，後者には専門家に相談すると問題の存在を認めることになるという心配や家族の秘密を暴露することへの心配が含まれている。

　中学生・高校生の親を対象とした太田・高木（2011）は母親と父親が教師に相談する際の援助要請態度を研究した。その結果，「肯定的援助要請態度」（期待感）として「効果予期・信頼」，「共感性」，「親役割」，「他者配慮」という4つの側面が得られた。一方で「否定的援助要請態度」（抵抗感）には「共感懸念」，「防衛」，「スティグマ懸念」，「要請回避」という4つの側面が見出され，子どもを評価する立場の教師に相談することの難しさが想像される。以上のように，子育ての援助要請においては親，子ども，援助要請の相手という三者への影響から被援助に対する期待感・抵抗感をとらえることができよう。

(3)　親の援助要請の関連要因
■乳幼児期の子どもの親を対象とした研究

　親の援助要請研究は乳幼児期の親を対象とした研究が最も多い。最も一貫した関連が報告されているのは個人の問題状況や悩みの影響である。たとえば，幼児を育てる母親は，子育ての悩みの経験が多かったり深刻であったりするほど夫，実母，義母，友人，専門機関などへの援助要請行動が多い傾向がある（本田・新井，2010; 本田，2013; Pavuluri et al., 1996）。

　ソーシャルサポートが援助要請を促進することも示唆されている（笠原，2000; 本田，2013）。つまり，母親から援助を求めずとも周りの人が援助を申し出ることを通して母親も援助要請しやすくなると思われる。さらに，母親が子どもと援助要請の相手との関係が良好であると考えること（援助要請

の相手が子どもをよく理解していると思える，など）は，その相手への援助要請行動と正の関連を示している（本田・新井，2010）。つまり，「実際に援助要請の相手（保育者など）が子どもと良い関係を築けているか」という客観的な視点ではなく，「母親がそう思えているか」という部分が影響している。

　母親の年齢や職業，子どもの年齢や性別などの人口統計学的な要因に関しては知見が一貫しておらず（湯浅ら，2006; 本田・新井，2010），援助要請の相手（専門家か身近な人か）や子どもの年齢（幼稚園入園前までの乳児期・幼児期前期と，幼稚園への入園以降の幼児期後期）によって異なる可能性が考えられ，現段階では単純にこれらの要因のみで援助要請への明確な影響を言うことは困難である。しかし，夫，実母，義母と同居している母親はそうでない母親よりも援助要請行動が多かった（本田・新井，2010）。

　母親の心理状態やパーソナリティの要因に関して，乳幼児期の子育ての研究全般においてよく取り上げられる育児不安を検討した結果，援助要請に対する育児不安の影響は見られる場合（本田，2013）と見られない場合（本田・新井，2010）があり，今後さらに研究を重ねる必要がある。また，抑うつ症状の強い母親はそうでない母親に比べて子育ての悩みを多く経験しながらも援助要請の抵抗感が強いことが明らかにされており（本田・本田，2015），援助が必要な母親こそ援助を求めにくいことが実証されている。さらに，援助要請研究の中では自尊感情と援助要請の関連がよく検討されているが，乳幼児の親の自尊感情と援助要請の間には関連は見られていない（中神・天岩，2011; 本田，2012）。これらの研究が示すように，抑うつ以外の個人的な心理状態やパーソナリティの要因は援助要請との間に明確な関連は認められていない。まだ研究が少ないので強く主張することはできないものの，「助けて」と言えない母親自身を変えようとするよりも周囲の人間関係やソーシャルサポートを整えていくような関わりのほうが援助要請を促進しやすいと思われる。

■児童期の子どもの親を対象とした研究

　小学生の親を対象とした援助要請意図・意志の研究では（Raviv, Raviv, Edelstein-Dolev et al., 2003; Raviv, Raviv, Propper et al., 2003; Raviv et al., 2009），

表4-1　小学生の親の援助要請研究で用いられた問題状況

（Raviv, Raviv, Edelstein-Dolev et al., 2003; Raviv, Raviv, Propper et al., 2003; Raviv et al., 2009をもとに筆者翻訳）

外在化問題（男児版，自分の子どもと同じ年齢を想定）
あなたの子どもの担任教師から，子どもが休み時間の間中，ずっと他の子を叩いているという知らせを受けたと想像してください。クラスの中では子どもは欲しい物を他の子から力づくで取ります。たいていは誰かに近づいて欲しい物をつかみ，その相手を乱暴に押してしまいます。

内在化問題（男児版，自分の子どもと同じ年齢を想定）
あなたの子どもの担任教師から，子どもが休み時間の間中，ずっと誰とも遊ばず，ほとんどすべての時間を一人で過ごしているという知らせを受けたと想像してください。子どもはめったにクラスに参加せず，他の子と話をしません。

小学生の母親と父親を対象として自分の子どもと同性かつ同学年の子どもを主人公とした問題状況の場面を提示した上で，スクールカウンセラーへの援助要請意図を質問している（表4-1）。

　これらの研究では表4-1の問題状況の主人公が自分の子どもである場合（「自分の子どもの問題状況に対して，どのくらい援助を求めるか」）と，同じクラスにいる親自身の友人の子どもの場合（「自分の友人の子どもの問題状況に対して，どのくらい援助を求めるように勧めるか」）で比較し，「パーソナルサービスギャップ」という現象を見出している。パーソナルサービスギャップとは，同じ問題状況に対して他者の子どもであれば心理学的援助を勧めるものの，自分の子どもの場合は援助要請意図が低いという現象のことである（Raviv et al., 2009）。このギャップが生じる理由のひとつとして，専門家への期待感が高ければ他者の子どもには相談を勧めるものの，自分の子どもの場合となると期待感が高くても抵抗感も強くなるために相談したいと思えなくなると考えられている（Raviv et al., 2009）。

■青年期の子どもの親を対象とした研究

　16〜17歳の子どもの親を対象とした援助要請意図の研究では（Raviv et al., 1992），父親は母親よりも教師とカウンセラーへの援助要請意図が高いこと，問題状況によって両親間の援助要請意図の高さに差があること，子育てにおける信頼の程度が高い相手ほど援助要請意図が高いことなどが示された。

　ここで紹介した親の援助要請の心理のほかに，知的障害・発達障害のある

子どもの親，および心理的危機状態にある子どもの親（10代で出産と子育てを行う親，離婚したひとり親家庭の親，子ども虐待などで援助を拒否する親など）の援助要請の心理については本田（2015a）にまとめられている。

3. 子育て支援領域の援助要請の研究・実践上の課題

　研究上の検討点として，第一に，子育ての悩みの経験と援助要請の関連において調整変数や媒介変数として作用する親のメンタルヘルスの要因を検討することである。特に親の抑うつ症状は援助要請と関連するとともに（本田・本田，2015），子どもの発達・適応上も無視できない問題である（菅原，1997）。乳児期の親の産後うつ病が多く研究されるが，近年では幼児期の子どもの親の抑うつに関する研究の重要性も指摘されている（本田・本田，2014b）。第二に，子育ての援助要請研究の大半が乳幼児期の子どもの親であり，児童期・青年期以降の子どもの親の研究知見の蓄積が望まれる。特に成人期・老年期を対象とした援助要請研究自体もほとんどないため，親の高齢化の影響も考慮した研究が求められよう。第三に，子どもの健やかな成長・発達のために親自身が他者に援助要請することは重要であるが，子どもが悩んでいても援助要請できない時に親が気づき，子どもから援助要請されなくても適切に援助できることも重要である。本田・本田（2014a）はこのような心理を援助要請感受性として概念化しており，援助要請の心理の新たな側面として研究知見の蓄積が待たれる。

　援助要請を考慮した実践を展開する上での課題として，援助要請研究の知見から利用しやすい子育て支援サービスを構築・運営し，「本当にニーズのある人が利用できているのか」という点から評価・改善する実践研究が望まれる。さらに援助を求められない個別事例への援助方法を創出することも課題である。本田（2015a）は事例を通して「援助要請のカウンセリング」を提唱している。援助要請できない個人への直接的な援助方法を開発することで援助要請研究の臨床的意義がさらに高まるであろう。

引用文献

原田正文　2003　今緊急に求められる，「親育て」プログラムの実践.
　http://np-j.kids.coocan.jp/siryo/ima-harada.pdf（2017年2月13日）

本田真大　2012　少子化社会における子育て支援と母親の援助要請に関する研究［山本博樹・出口　毅・本田真大・國見充展・城　仁士・吉田　甫　少子高齢化社会に貢献する教育実践心理学──research question はどこにあるのか？］. 日本心理学会第76回大会発表論文集, WS055.

本田真大　2013　幼児を育てる母親の援助要請行動に影響を与える要因の総合的検討. 日本コミュニティ心理学会第16回大会発表論文集, 68-69.

本田真大　2015a　援助要請のカウンセリング──「助けて」と言えない子どもと親への援助. 金子書房.

本田真大　2015b.　幼児期, 児童期, 青年期の援助要請研究における発達的観点の展望と課題. 北海道教育大学紀要（教育科学編）, **65**(2), 45-54.

本田真大・新井邦二郎　2010　幼児をもつ母親の子育ての悩みに関する援助要請行動に影響を与える要因の検討. カウンセリング研究, **43**, 51-60.

本田真大・新井邦二郎・石隈利紀　2011　中学生の友人, 教師, 家族に対する被援助志向性尺度の作成. カウンセリング研究, **44**, 254-263.

本田真大・本田泰代　2014a　小学生の援助要請意図に対する親の知覚に関する探索的検討──援助要請感受性の概念化の試み. 北海道教育大学紀要（教育科学編）, **65**(1), 167-173.

本田真大・本田泰代　2014b　幼児期の子どもを育てる母親の抑うつの実態に関する研究の展望. 心理臨床学研究, **32**, 398-407.

本田真大・三鈷泰代・八越　忍・西澤千枝美・新井邦二郎・濱口佳和　2009　幼児をもつ母親の子育ての悩みに関する被援助志向性の探索的検討──身近な他者と専門機関に相談しにくい理由の分析. 筑波大学心理学研究, **38**, 89-96.

本田泰代・本田真大　2015　幼児を育てる母親の被援助志向性に関する研究(2)──抑うつ症状と被援助志向性及び諸変数の関連の検討. 日本心理臨床学会第34回大会秋季大会発表論文集, 464.

笠原正洋　2000　保育者による育児支援──子育て家庭保護者の援助要請意識および行動から. 中村学園研究紀要, **32**, 51-58.

内閣府・文部科学省・厚生労働省　2015　子ども・子育て支援新制度なるほどBOOK（平成27年10月改訂版）.
　http://www8.cao.go.jp/shoushi/shinseido/event/publicity/pdf/naruhodo_book_2710/a4_print.pdf（2015年10月31日）

内閣府政策統括官（共生社会政策担当）　2012　子ども・子育てビジョンに係る点検・評価のための指標調査. 共生社会政策統括官 少子化対策.
　http://www8.cao.go.jp/shoushi/shoushika/research/cyousa23/vision/index_pdf.html（2016年9月12日）

中神友梨・天岩静子　2011　母親の子育てに関する援助要請及び要請への心理的抵抗. 信州心理臨床紀要, **10**, 53-64.

奥山眞紀子　2010　子どもの心の診療拠点病院機構推進事業有識者会議資料 厚生労

働省．http://www.mhlw.go.jp/shingi/2010/07/s0730-4.html（2011年5月8日）

太田 仁・高木 修 2011 親の援助要請態度に関する実証的・実践的研究．関西大学社会学部紀要，**42**(2)，27-63.

Pavuluri, M. N., Luk, S., & McGee, R. 1996 Help-seeking for behavior problems by parents of preschool children: A community study. *Journal of the American Academy of Child and Adolescent Psychiatry*, **35**, 215-222.

Raviv, A., Maddy-Weitzman, E., & Raviv, A. 1992 Parents of adolescents: Help-seeking intentions as a function of help sources and parenting issues. *Journal of Adolescence*, **15**, 115-135.

Raviv, A., Raviv, A., Edelstein-Dolev, Y., & Silberstein, O. 2003 The gap between a mother seeking psychological help for her child and for a friend's child. *International Journal of Behavioral Development*, **27**, 329-337.

Raviv, A., Raviv, A., Propper, A., & Fink, A. S. 2003 Mothers' attitudes toward seeking help for their children from school and private psychologists. *Professional Psychology: Research and Practice*, **34**, 95-101.

Raviv, A., Sharvit, K., Raviv, A., & Rosenblat-Stein, S. 2009 Mothers' and fathers' reluctance to seek psychological help for their children. *Journal of Child and Family Studies*, **18**, 151-162.

Skeat, J., Eadie, P., Ukoumunne, O., & Reilly, S. 2010 Predictors of parents seeking help or advice about children's communication development in the early years. *Child Care, Health and Development*, **36**, 878-887.

Srebnik, D., Cause, A. M., & Baydar, N. 1996 Help-seeking pathways for children and adolescents. *Journal of Emotional and Behavioral Disorders*, **4**, 210-220.

菅原ますみ 1997 養育者の精神的健康と子どものパーソナリティの発達——母親の抑うつに関して．性格心理学研究，**5**，38-55.

湯浅京子・櫻田 淳・小林正幸 2006 育児相談の被援助志向性に関する研究——ストレス反応と保健師に対する被援助バリアの視点から．東京学芸大学教育実践研究支援センター紀要，**2**，9-18.

第5章

教師の援助要請

田村 修一 Shuichi Tamura

　近年，教育現場では，援助者である教師が，児童・生徒に対する指導や援助の場面で苦戦することが多くなってきた。もし，教師が「授業」「学級経営」「生徒指導」などの場面で苦戦した時には，問題を一人で抱え込むのではなく，管理職・同僚教師・養護教諭・スクールカウンセラーなどに自発的に助言や援助を求めながら，直面している課題の解決を図っていくことが望ましい。このような「職業としての援助者が，職務上の問題を解決するために，他者にどのように援助を要請するのか」という問題に焦点をあてた研究は大変少ない。そこで，本章では，職業としての援助者である「教師」を対象とした援助要請研究の重要性と先行研究の主な成果について概観する。第1節では，教師対象の援助要請研究のはじまりとその背景として，教育現場の現状と教師のメンタルヘルスへの影響，教育現場での教師の「協働」と「被援助志向性」の関係について考える。第2節では，日本における「教師の援助要請」に関する代表的な研究成果を紹介し，第3節で，今後の研究課題について述べる。

● ◉ ●

1．教師の援助要請研究のはじまりとその背景

⑴　教育現場の現状と教師のメンタルヘルスへの影響

　現在，教育現場では，学力不振・いじめ・不登校・学級崩壊・非行・特別支援教育などの課題が山積し，教師もその対応に苦慮している。今の教師には，学級という「集団づくり」の力量と，一人ひとりの児童・生徒に対する「個別の指導・援助」の力量が同時に求められており，教師がこれらの2つの課題に適切に対応することは，若い教師のみならず，ベテラン教師にとっ

ても大変難しい。また、地域の人々や保護者からの教師に対する要望も増えており、ベテラン教師・経験の浅い若い教師の区別なく、遠慮のない厳しいものになってきている。

このような変化の激しい教育現場の中で、多くの教師たちは、児童・生徒に対する指導・援助に日々努力している。しかし、「授業」「学級経営」「生徒指導」などの場面で、自分の期待するような成果が上げられない場合には、バーンアウト（燃えつき症候群）したり、教師としての自信を喪失する可能性がある。加えて、「授業」「学級経営」「生徒指導」などに対する保護者からの批判や苦情があったり、教師同士の支え合いがあまりない職場で、管理職・同僚教師から自分の「授業」「学級経営」「生徒指導」などに対して負の評価をされたならば、若い教師だけではなくベテラン教師であっても精神的に疲弊してしまうだろう。

文部科学省（2014）によれば、平成25年度の精神性疾患を理由とした教職員の休職者数は5,078名であり、これは病気休職者全体の60％にあたると報告されている。また、休職までには至らないが、教師のバーンアウトの問題も以前から指摘されている（中島、2002）。バーンアウトとは、「自ら理想を求めて悩みながら努力してきたが、その結果は不満足・疲労感・失敗感だけ持つ状態」と定義されている（Freudenberger & Richelson, 1980）。教師のストレスの中で、とりわけバーンアウトが問題視されるのは、学校教育の中心的担い手である教師自身のメンタルヘルスを悪化させるだけではなく、学校教育サービスの質の低下を招くおそれがあるからである。つまり、教師がバーンアウトすれば、児童・生徒や保護者に対する指導・援助に温かさや思いやりがなくなったり、人間性を欠いた言動が増える可能性がある。さらに、教師が指導・援助そのものから逃避したり、自分の殻に閉じこもってしまう可能性もある。このように、バーンアウトをはじめとした教師のメンタルヘルスの悪化は、教師個人の問題だけにとどまらず、学校教育サービスを受ける側の児童・生徒や保護者にとっても重大な問題なのである。

教師という職業は、大学を出たばかりの若い教師であろうが、ベテラン教師であろうが、平等にひとつのクラスをまかされる。若い教師の場合は、どうしても教職経験が浅いため、まだ自分なりの「授業」の進め方や「学級経営」「生徒指導」の方法が確立できていないことが多い。それが、教育実践

で苦戦しやすい理由のひとつになると考えられる。また，かつては保護者の側に若い教師を応援し育てていこうとの雰囲気があったが，最近では若い教師ほど率直にものが言いやすい存在になっている。

　一方，ベテラン教師に目を向けると，学級崩壊を起こすクラスは若い教師よりも，むしろベテラン教師のほうが多いとの指摘もある。ベテラン教師が「学級経営」に苦戦しているのはなぜなのか。その理由として河村（2006a）は，現在の子どもたちの育ちの変化を無視して，今までの自分の教育経験の成功例を過信し，今までどおりの「授業」「学級経営」「生徒指導」のスタイルに固執し，頑なに自分のやり方を押し通そうとするベテラン教師ほど，「学級経営」の失敗が起こりやすいと指摘している。ベテラン教師は，長い教職経験を背景として教師としての職業上のアイデンティティを確立してきたと考えられる。そのため，自分の「授業」「学級経営」「生徒指導」のスタイルを変えるということは，教師としての自分の存在感や，これまでの教育実践をすべて否定されるような気持ちがするのかもしれない。そして，頑なに今までどおりの自分の教育実践のスタイルを押し通そうとする傾向が見られる。國分（1995）は，ここにベテラン教師たちの自己盲点があると指摘している。

(2)　教育現場における教師の「協働」と「被援助志向性」

　このような多様な課題を抱える教育現場において，教師に対する効果的な援助策として，石隈（1999）はコンサルテーションの活用をすすめている。コンサルテーションとは，「異なる専門性を持つ複数の者が，援助の対象（例：子どもや保護者）の問題状況について検討し，より良い援助のあり方について話し合うプロセス（作戦会議）」と定義されている（石隈，1999）。自らの専門性に基づいて，他の専門家による援助対象への関わりを援助する者を「コンサルタント」，そして援助を受ける者を「コンサルティ」と呼ぶ。コンサルテーションが求められるのは，コンサルティに職業上あるいは役割上の課題遂行において，問題状況や危機状況が生じた時である。コンサルテーションを通して，①コンサルティの不安が軽減され，②知識・技能が獲得でき，③状況の客観的理解の促進などが図られる。コンサルテーションでは，コンサルティの社会的防衛の「ヨロイ」や，職業や役割に基づく経験や

誇りを大切にする（山本，1986）。そして，石隈（2004）はコンサルテーションはコンサルティの自発的な申し出で開始するものであり，コンサルテーションの成功の鍵はコンサルティが問題解決のために自発的・積極的に関与することであると述べている。

　これらの主張は，教師がもし「授業」「学級経営」「生徒指導」において，自分一人だけでは解決が難しい問題に直面した時には，管理職・同僚教師・養護教諭・スクールカウンセラーなどに「自ら積極的に助言や援助を求め，それらを活用しながら課題解決を図る態度」（被援助志向性）が重要であることを指摘したものといえる。現在の学校現場が抱えている様々な教育課題を解決し，児童・生徒，保護者に対してより良い学校教育サービスを提供していくためには，学級担任が一人で問題を抱え込むようなこれまでの学級経営のスタイルを見直す必要があるだろう。

　また，石隈（1999）は学校現場における「チーム援助」の重要性を指摘している。「チーム援助」とは，学校組織内の人的資源（管理職・同僚教師・養護教諭・スクールカウンセラー・保護者など）を最大限に活用し連携させながら，学校総体として効果的に児童・生徒に指導・援助を行うことである。学級担任は，「チーム援助」を通して管理職・同僚教師などの助言や援助を受けながら，より良い学校教育サービスを提供していくことができる。「チーム援助」のほうが，学級担任が孤軍奮闘するよりも，①不安が軽減され，②児童・生徒を多角的に理解し，多面的な援助をすることができ，③新しい学級づくりのアイデアも生まれやすくなると考えられる。

　教師同士の「相互援助」や教師とスクールカウンセラーの「連携」をはじめとした「チーム援助」は，教育現場の困難な課題に直面した教師自身の「援助要請」が鍵を握っているといえる。そして，教師が指導・援助サービス上の困難な問題に直面した時に，「援助要請行動」を起こすかどうかの前提となるものが「被援助志向性（他者に援助を求める態度）」であろう。たとえば，学級経営に苦戦している教師が，本当は管理職や同僚教師，スクールカウンセラーに助言や援助を求めたいのに，教師としての資質や能力に欠けると思われるのではないかとの懸念があれば，「援助要請」はできなくなる。その結果，問題を一人で抱え込むことになる。つまり，教師の被援助志向性が低ければ，教師の「協働」は成り立たず，若い教師の場合は，教育実

践に関する新たなスキルを獲得するチャンスを逃し，ベテラン教師の場合は，教育実践に対する自己盲点への気づきの機会を失うことになるだろう。

● ◉ ●
２．教師の援助要請研究の概要

　日本における教師の援助要請に関する研究は，田村・石隈（2001）の教師を対象とした被援助志向性に関する研究が最初である。そこで，はじめに田村・石隈の一連の研究成果（図 5 - 1 ）を紹介した後，その他の教師対象の「援助要請」「被援助志向性」に関する主な研究成果を示す。

⑴　中学校教師の被援助志向性とバーンアウトの関連
　田村・石隈（2001）は，首都圏の公立中学校教師を対象に質問紙調査を行い，教師の被援助志向性とバーンアウトの関連を検討した（有効回答数155名）。その結果，男女共に「他者に援助を求めることに対する懸念や抵抗感が低い（つまり，被援助志向性が高い）」教師ほど，バーンアウト（脱人格

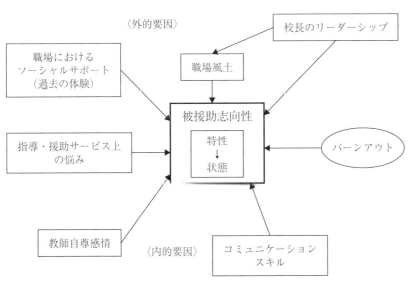

図 5 - 1 　研究の概念図（田村，2008）

化：非人間的な態度や振る舞いのこと）しにくいことを報告している。そして，教師の被援助志向性を高めることで教師のバーンアウトを防ぐ可能性が示され，①校内の教職員間のコミュニケーションの活性化，②スクールカウンセラーと教師の「相互コンサルテーション」の活用，③校内における「チーム援助」のシステム化（内規の作成）などの必要性を提起している。

(2) 中学校教師の被援助志向性を規定する個人内要因

　田村・石隈（2002）は，首都圏の公立中学校教師を対象に質問紙調査を行い，教師の被援助志向性を規定する個人内要因（教師としての自尊感情）との関連を検討している（有効回答数214名）。その結果，とくに若手～中堅（45歳以下）の男性の場合には，教師自尊感情が低い教師ほど「他者に援助を求めることに対する懸念や抵抗感」が高い（つまり被援助志向性が低い）ことが明らかになった。また，中堅～ベテラン（41歳以上）の女性の場合には，教師自尊感情が高い教師ほど，「他者に援助を求める欲求」が低い（つまり被援助志向性が低い）ことが示され，教師の被援助志向性と教師自尊感情の関連は，男女に違いがあることが明らかになった（図5-2）。そのため，「授業」「学級経営」「生徒指導」に苦戦している教師を援助する際には，その教師の「教師としての自尊感情」を傷つけない配慮と，性差の配慮が必要であることが示唆された。

　また，田村・石隈（2008）は，首都圏の公立中学校教師を対象に質問紙調

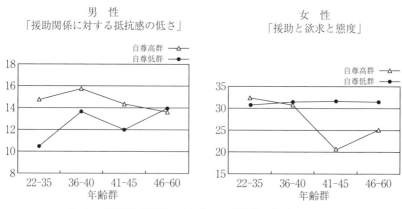

図5-2　年齢別「被援助志向性」の平均値の比較（田村，2008）

査を行い，教師の被援助志向性を規定する個人内要因（会話スキル）との関連について検討を加えている（有効回答数250名）。その結果，女性の場合にのみ「会話スキル」が高いと認知している教師ほど，「他者に援助を求めることに対する懸念や抵抗感」が低い（つまり被援助志向性が高い）ことが明らかになった。これまでの研究では，教師のメンタルヘルスの向上には被援助志向性を高めることが有効である可能性が示唆されている。さらに，本研究の結果から女性の場合は，「会話スキル」を向上させることで被援助志向性を高められる可能性が示唆された。

(3) 中学校教師の被援助志向性を規定する環境・状況要因

田村・石隈（2006）は，首都圏の公立中学校教師を対象に質問紙調査を行い，教師の被援助志向性を規定する環境・状況要因（指導・援助サービス上の悩み，校長のリーダーシップ，職場風土）について検討している（有効回答数250名）。その結果，男女共に，自分自身の「指導・援助に対する自信が欠如している状態」の教師ほど「他者に対する援助の欲求」が高く（つまり被援助志向性が高く），また，「生徒の反抗的態度に悩んでいる状態」の教師ほど「他者に対する援助の欲求」が高い（つまり被援助志向性が高い）ことがわかった。また，男女共に，校長のリーダーシップ（M機能：集団維持機能）を高く認知している教師ほど，自分の職場を「協働的風土」が高いと認知していることがわかった。しかしながら，自分の職場の協働的風土の認知の高さが，「状態被援助志向性」（今現在の課題に対する被援助志向性）には，直接的には結びつかないことが示された。この結果について田村・石隈（2002）は，協働的風土の高い職場では，日常的に教師の協働が成立している可能性が高く，その結果，今現在の教育実践において困るような状況が起きておらず，状態被援助志向性が低いのかもしれないと考察している。

(4) 教職志望者の被援助志向性を規定する個人内要因

田村ら（2012）は，現職の教師ではなく，教職志望者（大学生）を対象に，教育実習中の指導教員への被援助志向性を規定する要因について検討している（有効回答数268名）。その結果，①男女共に「自己表現スキル」が高いと認知している実習生ほど指導教員への被援助志向性が高いこと，②男女共に

表 5-1 教師を対象とした「援助要請」「被援助志向性」に関する主な研究一覧

研究者名（発表年）	対象	他の主要変数（要因）	主な検討事項および知見
田村修一・石隈利紀 (2001)	中学校教師	指導援助サービス上の悩み、バーンアウト	〈本文に記述〉
田村修一・石隈利紀 (2002)	中学校教師	教師自尊感情	〈本文に記述〉
田村修一・石隈利紀 (2006)	中学校教師	状態被援助志向性、特性被援助志向性	〈本文に記述〉
瀬戸健一 (2007)	高校教師	協働・チーム援助活動、学校組織特性	教職経験豊かな教師が、若手に比べ「援助の欲求・態度」が低く、女性のほうが「援助関係に対する抵抗感」が低く、他の教師との連携にも消極的であった。
田村修一・石隈利紀 (2008)	中学校教師	会話スキル・職場風土、校長のリーダーシップ	〈本文に記述〉
谷島弘仁 (2010)	小学校教師・中学校教師・高校教師	被援助志向性、自己効力感、教育相談	被援助志向性における「援助の欲求と態度」が高い教師ほど、コンサルタントの「信頼できる態度」と「問題解決志向」を高く評価する傾向があることが示唆された。
貝川直子 (2011)	小学校教師	バーンアウト	「援助関係に対する抵抗感」が低い教師ほど、脱人格化しにくい。若い教師は「援助に対する欲求」が高く、女性教師は「援助に対する抵抗感」が低い傾向があった。
田村修一・水野治久・石隈利紀 (2012)	教職志望者	教育実習	〈本文に記述〉
井唯しのぶ・岡村寿代 (2012)	小学校教師	バーンアウト、自己志向的完全主義	行動疑念が高い人の場合、「被援助に対する懸念や抵抗感」が低いほうが「達成感」を得られやすい、完全欲求や目標設定が高い人の場合、「被援助的態度」が低いほうが「情緒的消耗感」が低い可能性が示唆された。
小坂浩嗣・朝日真奈 (2012)	高校教師	援助チームのシステム化、チーム支援、常勤スクールカウンセリング	援助チームのシステム化により、援助を求めることに抵抗感を持つ被援助志向性の低い教員が支援を求めやすくなり、生徒への教育指導の活性化に役立った。
今井明日香 (2014)	高校教師	援助要請行動、援助要請スタイル	援助要請の回避は教員経験が長い教員に多く見られた。相手からの働きかけにより、他者からの援助質問に気づき、相談行動が促進されることがわかった。
中村菜々子・松永美希・原田ゆきの・三浦正江・石井眞治 (2014)	小学校教師・中学校教師	新任教師・メンタルヘルス、ソーシャルサポート、援助要請	新任教員は、同僚や上司からの情緒的サポート、およびサポートの受領に対する肯定的な態度を持っているほど、援助要請行動が生起することが示唆された。

「先生との人間関係」に悩んでいる実習生ほど指導教員への被援助志向性が低いこと，③男性の実習生は，「学級経営」に悩んでいるほど指導教員への被援助志向性が高く，「児童生徒との人間関係」に悩んでいるほど指導教員への被援助志向性が低いこと，④女性の実習生は，「指導教員の指導力」が高いと認知しているほど指導教員への被援助志向性が高いことが示された。そして，教員養成課程におけるコミュニケーション・スキル教育の重要性，教育実習中の大学側のサポート体制の整備と教育実習生の受け入れ側の指導教員の指導・援助力を向上させるための研修の必要性を指摘している。現状では，このような教職志望者に焦点をあてた研究は少ないが，今後，教員養成段階における被援助志向性研究の広がりが期待される。

⑸ 教師の援助要請に関するその他の研究

　上記以外の教師対象の「援助要請」「被援助志向性」に関する主な研究成果を表5-1に示す。以上に挙げた研究以外にも，教師を対象とした研究は多く報告されている。

● ◉ ●

3. 教師の援助要請研究の今後の課題

　これまでの教師対象の援助要請研究では，態度的側面である被援助志向性に焦点をあて，バーンアウトとの関連や被援助志向性の促進・抑制要因を探索したものが多かった。そして，「男女共に被援助志向性が高いほど，バーンアウトしにくいこと」「教師の自尊感情と被援助志向性の関連の仕方には男女差があること」「会話スキルが高いと認知している女性教師ほど，被援助志向性が高いこと」「男女共に自信がなく，生徒の反抗を感じている教師ほど被援助志向性が高いこと」などが報告されている。

　今後は，「援助要請行動」そのものに焦点をあてた研究や，被援助志向性や「援助要請行動」を高めるための教員養成および現職教員研修プログラムの開発研究も必要であろう。さらに，今求められている「チーム学校」のシステム構築のために，これまでの教師対象の援助要請研究の知見を活用し，教師の協働の具現化につながる実践的な応用研究も望まれる。

引用文献

Freudenberger, H. J. & Richelson, G. 1980 *Burout: The high cost of high achievement*. New York: Anchor Press.

今井明日香 2014 教員の援助要請行動における意思決定に関する研究――援助要請回避に着目して. 山梨英和大学心理臨床センター紀要, **9**, 11-21.

石隈利紀 1999 学校心理学. 誠信書房.

石隈利紀 2004 コンサルテーションとは. 福沢周亮・石隈利紀・小野瀬雅人編 学校心理学ハンドブック. 112-113, 教育出版.

井筒しのぶ・岡村寿代 2012 小学校教師のバーンアウトと自己志向的完全主義および特性被援助志向性との関連. 発達心理臨床研究, **18**, 21-31.

貝川直子 2011 小学校教師の被援助志向性とバーンアウトに関する探索的研究. パーソナリティ研究, **20**, 41-44.

河村茂雄 2006a 変化に直面した教師たち. 誠信書房.

河村茂雄 2006b 学級づくりのための Q-U 入門. 図書文化社.

國分康孝 1995 教師の生き方・考え方. 金子書房.

小坂浩嗣・朝日真奈 2012 援助チームのシステム化と教師の被援助志向性の関連について――スクールカウンセラーとのチーム支援事例から. 鳴門教育大学学校教育研究紀要, **27**, 89-99.

文部科学省 2014 平成25年度公立学校教職員の人事行政状況調査結果（概要）. http://www.mext.go.jp/component/a_menu/education/detail/__icsFiles/afieldfile /2015/01/30/1354717_1.pdf（2016年10月3日）

中島一憲 2002 いま，バーンアウトする教師が増えている. 児童心理, **56**, 550-555.

中村菜々子・松永美希・原田ゆきの・三浦正江・石井眞治 2014 新任教師のリアリティ・ショックの影響を緩和する社会的要因の探索的検討――ソーシャル・サポートと援助要請に関する質的・量的検討. 発達心理臨床研究, **20**, 1-9.

瀬戸健一 2007 高校教師の協働に関する研究――不登校生徒へのチーム援助に着目して. コミュニティ心理学研究, **10**, 186-199.

田村修一 2008 教師の被援助志向性に関する心理学的研究. 風間書房.

田村修一・石隈利紀 2001 指導・援助サービス上の悩みにおける中学校教師の被援助志向性に関する研究――バーンアウトとの関連に焦点をあてて. 教育心理学研究, **49**, 438-448.

田村修一・石隈利紀 2002 中学校教師の被援助志向性と自尊感情の関連. 教育心理学研究, **50**, 291-300.

田村修一・石隈利紀 2006 中学校教師の被援助志向性に関する研究――状態・特性被援助志向性尺度の作成および信頼性と妥当性の検討. 教育心理学研究, **54**, 75-89.

田村修一・石隈利紀 2008 中学校教師の被援助志向性を規定する要因――会話スキル，校長のリーダーシップおよび職場風土に対する認知に焦点をあてて. カウンセリング研究, **41**, 224-234.

田村修一・水野治久・石隈利紀 2012 教職志望者の被援助志向性を規定する要因――教育実習場面に焦点をあてて. カウンセリング研究, **45**, 29-39.

谷島弘仁 2010 教師が学校コンサルタントに求める援助特性に関する検討. 教育心

　理学研究, **58**, 57-68.

山本和郎　1986　コミュニティ心理学——地域臨床の理論と実践．東京大学出版会．

いじめ被害と援助要請

小倉 正義　Masayoshi Ogura

「僕，いじめられているんです」。

　ある生徒があなたにそのように語りかけてきたら，あなたはどのように応えるだろうか。もちろん，この問いに唯一の答えがあるわけではないし，子どもの状況やあなたとの関係性によってもたどり着く場所は異なるだろう。ただ，この生徒からの問いかけを頭のどこかにおきながら少し読んでいただければと思う。

＊　　　　　　　　　　　　　＊

　本稿では，いじめ被害と援助要請について考える際に，筆者らの研究グループで中学2年生を対象に行った質問紙調査の結果から2つほどデータを示したいと思う。

　まずは，いじめ被害の援助要請についての結果である。この質問紙調査で回答が得られた1,864名のうち，この半年間に学校内あるいは学校以外でいじめを経験したと回答した子どもの割合は275名（14.8％）であり，この子どもたちをいじめ被害者として考えた。いじめの援助要請については，「いじめから助けてもらうために，誰かに自分がいじめを受けたことを話したことがありますか？」という問いに「はい」「いいえ」で回答してもらった。その結果，いじめ被害者のうちの33.0％が「はい」，47.1％の子どもたちが「いいえ」と回答し，残りの19.9％は無回答であった。この結果をあなたはどのように受け止めるだろうか。47.1％の子どもたちが「いいえ」と答えている結果を「やはり……」と思う人もいれば，「まさか……」と思う人もいるだろうが，この結果は「いじめ」の語りにくさを示しているともいえる。ただし，19.9％の子どもたちが無回答であったことの意味を考えたり，33.0％の「はい」と答えた者たちが，なぜいじめについて助けを求めるために語ることができたのかを考えたりすることも重要である。

　もうひとつの結果は，いじめへの周囲の大人たちの対応に関するものである。質問項目は「ある生徒がいじめられている時，先生や他の大人たちはどれくらいいじめを止めようとしますか？」であり，「決してない」「時々」「しばしば」「ほとんどいつも」の中からあてはまるものを選んで回答してもらった。その結果，回答が得られた1,773名のうち「決してない」が18.8％，「時々」が33.4％，「しばしば」が26.7％，「ほとんどいつも」が21.0％であった。大人たちはいじめを止めてくれないと思っている子どもたちも20％近くいる一方で，決して高い割合ではないかもしれないが，程度の差はあれ80％以上の子どもたちが大人たちはいじめを止めて

くれると感じていることが示唆された。やはり，大人としてはその期待には応えなければならない。

　　　　　　　　　＊　　　　　　　　　　　　＊

　それでは，いじめ被害者への援助要請について私たちは何を考えていけばよいだろうか。筆者らの調査からもわかるように，いじめ被害を受けた時には，必ずしも誰かに援助を求められるものではない。そう考えると，周囲の大人たちは助けを求められるのを待っているのではなく，「語られない」言葉に耳を傾けることがやはり重要である。たとえば，いじめ被害にあっている子どもたちの中には，「明らかな病気以外の理由で学校を続けて休んでいる」「月曜日に学校を行き渋ったり，遅刻をしたりすることが多い」「授業中眠そうにしている」「職員室の前でよく見かける」「何かを話そうとしてやめることが多い」「授業中下を向いていることが多い」「笑顔が減った」といった様子を示すことがある。私たちは，子どもたちの変化を敏感に察知し，いじめを受けている可能性も考慮に入れつつ，まずはその子どもの状況を把握しようと努めることが大切だろう。

　実際に子どもたちから援助要請があった場合に大切にすることについても触れておきたい。たとえば，子どもたちから，友人から悪口を言われたり，誹謗中傷されたりしたという相談があったら，どのように応えるだろうか。「そんなの気にしなくて大丈夫」「無視しなさい」と大人の目からみれば言いたくなるようなこともあるだろう。しかし，「気にしなくてよいよ」「無視しなさい」というアドバイスだけでは，根本的な解決には至らない場合が多いように感じる。そもそも，子どもたちは無視できないからこそ困り苦しんでいるのであるし，そこには語られていない事実が隠されているかもしれない。「大丈夫」と言われてしまえば，たとえ語られない事実があったとしても，この人には聞いてもらえないと思ってしまう可能性もあるだろう。アドバイスをすることが間違っているわけではないが，まずは本人の語りにじっくりと耳を傾けることが重要である。そのことが，援助要請への動機づけを高め，いじめ被害を受けている子どもたちの安全を守ることにもつながるのではないだろうか。

　　　　　　　　　＊　　　　　　　　　　　　＊

　この限られたスペースの中で，最初に示した生徒の問いに対する答えを伝えられたわけではない。それでも，少しでもみなさんがいじめ被害と援助要請について考えていただくためのヒントにしていただければ幸いである。

第 **6** 章

看護師の援助要請

安田 みどり Midori Yasuda

　看護師の援助要請と聞くとどのようなことを思い浮かべるだろうか。援助を求めるというイメージより，患者に援助するというイメージがあるかもしれない。では援助を仕事とする人であれば，自分が困った時にも上手に援助を求めることができるのだろうか。実は援助者であるからこそ，困っていても援助を求められないこともある。ここでは，自らも援助を行う立場である看護師が，自分が困った時に援助を求めることをどう思っているのか，そして，困っていても援助を求められない看護師に対して，必要な援助を提供するためにはどうしたらよいのかということについて考えてみたい。

1．看護師を対象とした援助要請研究の意義

⑴　看護師におけるメンタルヘルスの問題

　看護師にとって，なぜ援助が必要なのだろうか。また，どのような援助が必要なのだろうか。看護師への援助においてまず考えなければならないのは，看護師が抱えるメンタルヘルスの問題である。看護師はストレスの多い職業であるといわれており，1980年代にバーンアウトの問題が取り上げられてから現在に至るまで，看護師のメンタルヘルスは大きな問題となっている。看護師のストレスは，仕事量の多さや夜勤等の長時間勤務，職場の人間関係などに加え，対人援助の特徴である患者との関係性やケアのあり方など，多岐にわたっている。メンタルヘルスの悪化は離職や転職にもつながり，さらなる人手不足などの悪循環が生じている。そして早期離職に伴う中途採用の看護師が増えたことにより，異なる職場への適応やキャリアのある看護師への指導などの問題に伴う新たなストレスも指摘されている（保坂，2014）。こ

第Ⅱ部　援助ニーズを持つ人の理解——被援助者はどのように援助を求めるのか

のような状況は，看護師個人のメンタルヘルスの問題にとどまらず，患者への看護の質の低下といった問題も引き起こしかねないため，医療現場における重大な問題なのである。

　看護師のストレスへの対策には，人手の増加や仕事量の調整，また職場の人間関係や患者との関係に対する援助などが必要となる。これらのストレス対策は容易ではなく，なかでも患者との関係に関する問題については，患者側の要因も関係しており，問題をなくすことは難しい。そのため，看護師が自らのメンタルヘルスや患者との関係において悩みや問題を抱え，援助を必要とする時に，援助を求めることができるということが重要になるのである。

(2)　看護師が抱える問題に対する心理的援助への期待

　看護師が抱えるメンタルヘルスの問題に対しては，看護師のストレスへの働きかけや患者との関わりについての援助を行うことがサポートとなる。そのため，看護師が相談できる相手として心理職の活用は以前から期待されてきた（大滝，1989）。さらに近年，医療領域ではチーム医療や多職種協働の動きが広がり，心理職もチームの一員として活動することや，コンサルテーション・リエゾン活動として精神科以外の診療科の患者および関係する医療従事者への援助を行う機会も増えてきている。それらの活動においては，医療従事者の心のケア，そしてバーンアウト，適応障害，うつ病などの個人的なメンタルヘルスの問題を予防あるいはケアすることが期待されている（赤穂，2014; 岩満ら，2009; 津村ら，2011）。

　また医療従事者へのコンサルテーションを通して，心理職が患者の理解や関わり方について援助することへの期待も増している（岩満ら，2009; 津村ら，2011）。コンサルテーションは，コミュニティ心理学において対人援助職への援助の方法として重視されている（たとえば，山本，1986）。医療領域においては，患者が心理的な問題を抱えた際，心理職にカウンセリングなどの心理的援助の依頼があり，心理職が直接患者の援助を行うことも多い。しかしながら，他職種も継続して患者に関わっており，患者の心理的な問題に関して対応に困る場合もある。そのため，他職種が患者の心理的な問題を理解し，それぞれの専門性においてよりよい援助を行えるように手助けするのがコンサルテーションなのである。コンサルテーションを行うことで，他

職種にとっては心理的な問題を抱える患者への対応に関する悩みが軽減され，また患者にとっては他職種を通して間接的に心理的な援助を受けられるという利点がある。

　このように，心理職は多職種協働における役割のなかで看護師に対してメンタルヘルスの問題への援助やコンサルテーションを行うことが期待されるようになってきている。これらの関わりでは，問題が起きてから相談をするという問題解決的（治療的）なアプローチだけでなく，問題が起きる前に，また起きないように援助を提供するという予防的なアプローチが重要である。心理職がどのような役割を担っているかによって異なるものの，様々なアプローチを工夫することが求められる。より有用な介入を行うためには，看護師がどのような援助を必要としており，援助されることや援助を求めることをどのようにとらえているのか知ることが必要となる。

(3)　看護師における援助要請の問題

　看護師自身は援助を求めることをどう思っているのだろうか。看護師は患者に対して心理的なケアを行っており，一般の人に比べると，心理学を学んだり，心理職と接したりする機会が多いイメージがある。しかし，実は医療者を対象とした調査においても，カウンセリングのイメージは精神科と同じであったり薬物療法と混同されたりしていることが報告されている（津村ら，2011）。近年，心理職の役割が拡大しているといっても，まだ実際に心理職と接した経験がない看護師も多く，多様で曖昧なイメージを抱いているのである。

　このようなイメージの混同には，医療の分野において，これまで心理職は精神科での勤務が主だったということも影響しているのかもしれない。なかには，心理職に相談することと精神科に受診することを同様にとらえていたり，心理職に相談するのは精神疾患を抱えている人であるという認識を持っていたりするなど，心理職に相談するのは限られた人だと思っている看護師もいる。そのような場合には，心理職に相談するのは問題が深刻になってからと考え，気軽に自分のメンタルヘルスの相談をすることにはつながらないだろう。また，心理職がコンサルテーションを行うということを知らなければ，心理職には患者の対応をしてもらうという認識しかなく，患者への自分

の関わり方を相談するという発想がない場合もある。看護師においても，心理職の役割についてどのように理解しているのかが援助要請に大きな影響を与えているのである。

　さらに，援助の内容や方法が援助要請に与える影響についても考える必要がある。たとえば，研修などに参加して心理学の知識や情報を得るのと，悩みや抱えている問題を相談するのとでは，援助を求めたり受けたりする際の心理が異なることは容易に想像できる。看護師に対して，ひいては看護師を通して間接的に援助される患者に対して，有効な心理的援助を提供するためには，援助要請に関連する様々な要因を明らかにすることが必要である。

● ⊙ ●
2．看護師における援助要請

⑴　看護師を対象とした援助要請研究

　看護の分野における援助要請研究としては，患者が看護師に援助を求めることや看護師が他者に援助を求めることに関する研究が行われているが，まだそれほど多くはない。

　看護師が他者に援助を求めることに関する研究では，家族や友人などといったインフォーマルな他者への援助要請に加え，フォーマルな他者，たとえば職場の同僚や医師などの他職種への援助要請が取り上げられているのが特徴である。看護師はチームで患者に関わることが多く，仕事上で関わりをもつ同僚や他職種が多くいる。また，患者に関することについては，守秘義務の問題もあり相談できる相手が限られるということもあるため，どのような相談を誰にするのかということも重要な点である。

　これまでの研究では，仕事の相談であるため，自分で解決しなければならないという信念が援助要請を抑制させていることや（西森　2014），自分の能力のなさを気にしたり，援助要請を行うことで悪い評価を受けるのではないかと不安に思ったりするという心理的な特徴があること，さらに職場の状況による影響として，多忙な中での時間のなさや相手に負担をかけることへの遠慮などがあることがわかっている（勝眞・上平，2006; 勝眞ら，2007）。ほかにも，上司に対しては情緒的サポートより道具的サポートのほうが要請

しやすいことや（上平, 2006），相談することで肯定的な結果が得られると期待していると援助要請が促進されることが報告されている（西森, 2014）。看護師は援助を求める際に様々な抵抗感を抱いており，それは心理的な援助であるとより強まる傾向があるといえよう。

(2)　カウンセリングやコンサルテーションにおける心理職への援助要請研究

看護師が抱える問題に対して心理職による援助が期待されていることはすでに述べたが，ここでは心理職への援助要請について取り上げる。心理職に対する援助要請研究として，まず看護師のニーズに関する研究がある（上野ら, 2000; 大畠, 2008など）。看護師が心理職に期待する援助には様々な内容があるが，ストレスやメンタルヘルス，人間関係，キャリア，職場でのチームワークや指導など，看護師自身の仕事に関連する悩みや問題に対する援助と，患者の理解や関わり方に対する援助の2つに大きく分けられる。またこれらの援助ニーズに基づいて，看護師自身の悩みや問題として「人間関係相談」「キャリア相談」「メンタルヘルス相談」の3領域と，患者の理解や対応に関する「コンサルテーション」において，どの程度援助を求めようと思うかという援助要請意図を測定する尺度が作成されている（大畠, 2010）。

次に，心理職や心理的援助に対して，また援助を求めることに対してどう思っているのかということに関しても研究が行われている。大畠・久田（2008）によると，看護師は，自らも対人援助に携わる専門家であるため心理職の専門性に対して信頼感や期待感を持っている反面，心理職の役割や心理的援助の内容がよくわからない場合は，不信感や疑問を抱いていることがわかっている。他にも，精神疾患や心理的問題に対する偏見を気にしたり，自分で解決する能力がないことへの引け目を感じたりすることが，援助を求めることをためらう要因となっている。看護師だからといって必ずしも心理職や心理的援助が身近であるわけではないため，自分が困った時に心理職に援助を求めることについては，一般の人と同様に躊躇する気持ちを持っている。さらに仕事や患者に関する相談においては，同僚や他職種に相談する場合と同様に自分の能力や評価への懸念を抱いているのである。

看護師が心理職や心理的援助に対して抱いている抵抗感は，援助要請にどのような影響を与えているのであろうか。安田・久田（2013）では，看護師

第Ⅱ部　援助ニーズを持つ人の理解――被援助者はどのように援助を求めるのか

が心理職に援助を求める場合の特徴について，援助要請に対する態度に着目し，看護師ならではの悩みや問題における援助要請意図に及ぼす影響を検討している。計画的行動理論（theory of planned behavior）を適用して，援助要請態度に加え職場の勧めと援助要請の困難度を取り上げ，さらに先行研究（水野・石隈，1999など）を参考に，性別，職位，相談経験，自尊感情，抑うつ感，職場サポートの関連について調査している。

　看護師の援助要請態度に対しては，抑うつ感や低い自尊感情がネガティブな影響を及ぼしている一方，職場のサポートや相談経験はポジティブな影響を及ぼしていた。そして，心理職や心理的援助の専門性に対して信頼や期待を抱いていることや心理的援助への関心が高いこと，職場の人から援助要請を勧められることで，心理職に相談しようという意図が高くなるという特徴がみられた。

　さらに，看護師自身の悩みや問題である「人間関係相談」「キャリア相談」「メンタルヘルス相談」と患者に関する悩みや問題における「コンサルテーション」とでは援助要請を促進・抑制する要因が異なっていた。「人間関係相談」「キャリア相談」「メンタルヘルス相談」における援助要請の特徴として，抑うつ感が高いと援助を求めるという傾向がみられた。一方，「コンサルテーション」への援助要請の特徴では，心理的援助を特別なものととらえており，職場でのサポートが少ない場合に相談しようと思う傾向があること，一般スタッフより管理職のほうが援助要請に積極的であることがわかった。このことから，「人間関係相談」「キャリア相談」「メンタルヘルス相談」のような，主にカウンセリングによる援助が行われる看護師自身の悩みや問題と，コンサルテーションによる援助が行われる患者に関する悩みや問題では異なるアプローチが求められるといえるだろう。

● ◎ ●

3．実践への活用と今後の課題

⑴　実践に向けて

　看護師への有用な援助を行うにあたり，援助要請の視点からどのような工夫が必要であろうか。安田・久田（2013）の研究に基づき，看護師の悩みや

問題の種類によって，またアプローチによって，どのような工夫が必要であるのか考えてみたい。

　まず，悩みや問題の種類にかかわらず，援助要請を促進する働きかけとして，1つめには，心理的援助に対する関心を高めることがあげられる。自分にも関係がある，困った時には活用できるという感覚を持ってもらうことが大切である。たとえば，ストレスマネジメントの方法や人間関係の工夫，患者の心理や対応など看護師が関心を持っている心理学の知識を伝えることや，メンタルヘルスの維持・増進に関する心理教育を行うなどの取り組みも効果的であろう。看護師のニーズには予防的な援助も多く含まれており，日常的に活用していることが，いざ問題に直面した時にも援助要請を促進すると考えられる。

　2つめに，心理職や心理的援助に対する信頼を高めることである。心理職は職場によって担う業務が異なるなど役割が多様であるため，何ができるのか積極的に伝えていく必要がある。また相談相手として，そして共に働くメンバーとしての信頼関係も重要であり，フォーマル・インフォーマルなコミュニケーションの機会を活用し，さらにコミュニケーションの機会を作り出すことにより，心理職自身を知ってもらう取り組みも大事である（たとえば，上田，2015）。

　3つめに，看護師の援助要請を肯定的に変化させるためには，個人への介入だけでなく，集団や組織の意識を変えていくことも重要である。看護師は，援助を求めることに関して，自分の能力不足や相手の負担感などを気にする傾向があるため，相談することがよいことであるという共通認識をもてるような職場にすることは大切であろう。援助を求めている看護師に対してタイミングよく援助を提供するには，職場の理解や協力は不可欠である。特に危機介入については，日頃から関係性ができていると，迅速に介入することが可能となるため，より一層環境への働きかけが意味を持つといえる。

　次に，看護師自身の悩みや問題に対するカウンセリングにおける援助要請の促進について考えてみる。メンタルヘルスの相談に加え，人間関係やキャリアの相談においても，抑うつ感が援助要請意図を促進することから，定期的にメンタルヘルスのチェックを行い，不調に気づきやすくする機会を設定し，早期に介入することも必要であると思われる。多忙な状況の中で実施す

ることは難しい部分も多いが，たとえば，日常的な活動では一次予防的な援助（たとえば，メンタルヘルスに関する研修の実施，カンファレンス等を活用した知識や情報の提供など）を集団に対して行い，配慮が必要な看護師がいた場合には必要に応じて二次予防的な援助（たとえば，個別の相談や対処法の提供，相談先の紹介など）を行うといったように，看護師のニーズや状況に合わせて組み合わせることがより有用な援助につながると考えられる。介入の対象となる看護師や職場のニーズに合わせたプログラムを構築することができれば，より効果的であろう。

　患者に関係する悩みや問題に対する援助であるコンサルテーションにおいては，特別な援助が必要である場合や職場で相談できない場合に相談しようと考えられており，現状では必ずしも肯定的・積極的に活用するという認識にはなっていない状況がある。より心理職を活用しやすい環境づくりへの働きかけや，管理職に協力してもらい患者に関する情報交換やカンファレンスなどに心理職が参加する機会をつくることなどに取り組んでいけるといいのではないだろうか。また援助を提供する際には，援助要請が否定的な体験にならないように，自尊心を大切にした上で援助を行うことが肝要である。さらに周囲に対しても，援助要請に対して肯定的な評価が与えられるような働きかけが必要であろう。

⑵　今後の課題

　看護師を対象とした援助要請研究および実践における今後の課題として，以下の3点があげられる。

　1点目は，心理職の役割が職場によって異なり，心理的援助や心理職に対する認識が多様で曖昧なため，個々の看護師が想定する援助要請の状況や内容がかなり異なっていることである。コンサルテーションについて知らない看護師もいるため，まず看護師の認識や心理職の役割を明らかにした上で，調査の実施や実践における介入を行う必要があるだろう。また，看護師の認識において，誤解や情報・知識の不足があれば，情報提供等の働きかけを行うことが必要である。

　2点目は，援助の内容や提供方法によって援助要請のしやすさが異なることについてである。看護師を対象とする場合，看護師自身の悩みや問題に対

する援助であるのか，患者に関する悩みや問題であるのかによって，援助要請の関連要因が異なる。さらに，同じ職場内の心理職に相談するのか，外部の心理職に相談するのかによっても影響を受けるだろう。同じ職場であると，知られたくないという気持ちが抑制に働く一方，物理的な相談のしやすさがある。外部であると秘密が守られる一方，相談することが面倒になるため，利用の難しさがある。両方の状況を検討し，実践に活用すること，また実践からの知見を得ることが必要であろう。

　3点目に，環境への介入についてである。援助要請の促進には，個人の考えだけでなく，周囲の人や職場の環境が影響を与えている。援助要請に影響を与えている要因についてさらに検討し，環境への介入についての実践を行うことが必要であろう。

　看護師への援助においては，バーンアウトや離職してから援助を行うのではなく，予防的な介入を行うことが重要である。また患者に対しても，早期の対応であれば心理職による直接援助を行わなくてもコンサルテーションのみで心理的援助を行うことも可能であり，それは患者にとって負担が少ないだけでなく，看護師にとっても自らの援助の幅を広げることにつながる。さらに患者の問題が深刻化する前に対応できることで，看護師が抱える負担感や疲労などメンタルヘルスへの悪影響を緩和することにもなると思われる。そのためには，援助を利用しやすくすることが大切であり，待っているだけでなく，積極的に近づいていくというコミュニティ心理学的アプローチが求められる（山本，2000）。そういった実践を行うにあたり援助要請研究によって得られる知見は非常に重要であり，さらなる研究が望まれる。

引用文献

赤穂雅恵　2014　精神科リエゾンチーム——多職種協働チーム医療を考える．臨床精神医学, **43**, 905-911.

保坂 隆　2014　医療従事者の健康支援．臨床精神医学, **43**, 899-903.

岩満優美・平井 啓・大庭 章・塩崎麻里子・浅井真理子・尾形明子・笹原朋代・岡崎賀美・木澤義之　2009　緩和ケアチームが求める心理士の役割に関する研究——フォーカスグループインタビューを用いて．*Palliative Care Research*, **4**, 228-234.

勝眞久美子・峯英一郎・西岡令子・新森純子　2007　看護師の情意的サポートの援助要請に対する認知．日本看護学会論文集 看護管理, **38**, 60-62.

勝眞久美子・上平悦子　2006　看護職のソーシャルサポートに対する援助要請の実態

（第2報）――援助者ごとの援助要請抑制因子の抽出．日本看護学会論文集　看護管理, **37**, 214-216.

水野治久・石隈利紀　1999　被援助志向性，被援助行動に関する研究の動向．教育心理学研究, **47**, 530-539.

西森春江　2014　患者から暴力行為を受けた看護師の援助要請――促進要因と抑制要因の抽出から相談しやすい職場環境を検討する．日本看護学会論文集　精神看護, **44**, 42-45.

大畠みどり　2008　対人援助職における心理専門職への相談ニーズ――看護師の職業上および個人的な悩みの場合．日本教育心理学会第50回総会発表論文集, 331.

大畠みどり　2010　看護師用援助要請意図尺度の作成．カウンセリング研究, **43**, 212-219.

大畠みどり・久田　満　2008　心理専門職に対する援助要請行動に関連する諸要因――看護師の職業上および個人的な悩みの場合．上智大学心理学年報, **32**, 77-85.

大滝紀宏　1989　コンサルテーション・リエゾン精神医学への期待．5.1看護婦アンケート調査．岩崎徹也監修，黒澤　尚・保坂　隆編　コンサルテーション・リエゾン精神医学の課題．東海大学出版会．

津村麻紀・古川はるこ・森田満子・真鍋貴子・伊藤達彦・忽滑谷和孝　2011　臨床心理士のコンサルテーション・リエゾン活動に対する医療従事者の意識の質的検討――がん医療に焦点を当てて．総合病院精神医学, **23**, 172-179.

上田将史　2015　心理臨床実践におけるコンサルテーション――医療領域からの報告．コミュニティ心理学研究, **18**, 229-235.

上平悦子　2006　看護職のソーシャルサポートに対する援助要請の実態（第1報）――職場内のサポート源とサポートの種類の関連性の検討．日本看護学会論文集　看護管理, **37**, 211-213

上野徳美・山本義史・林　智一・田中宏二　2000　看護者がサイコロジストに期待するサポートに関する研究．健康心理学研究, **13**(1), 31-39.

山本和郎　1986　コミュニティ心理学．東京大学出版会．

山本和郎　2000　コミュニティ心理学．氏原　寛・成田善弘共編　臨床心理学3　コミュニティ心理学とコンサルテーション・リエゾン――地域臨床・教育・研修．培風館．

安田みどり・久田　満　2013　看護師における心理専門職への援助要請態度および意図――カウンセリングとコンサルテーションの促進要因の検討．心理臨床学研究, **31**, 107-117.

性暴力被害と援助要請

野坂 祐子　Sachiko Nosaka

⊙ 援助要請がなされにくい性暴力被害

　日本でレイプ被害を受けた人はどれくらいいるのだろうか。100人に１人？　それとも1,000人に１人？　では，これまで身近な人から性被害について相談されたことのある人は？　性犯罪は報道で知る程度で，日常ではめったに起こらないものというイメージを持っている人は少なくないかもしれない。

　しかし実際には，20歳以上の女性の15～16人に１人（6.5％）が「異性から無理やり性交された経験」を持ち（内閣府男女共同参画局，2015），高校生女子でも20人に１人（5.3％）の割合に上る（野坂ら，2005）。チカンの被害はもっと多いが，大半は被害届が出されない。そのため，性暴力被害の実態には，公的な犯罪件数に計上されない多くの暗数があると考えられている。

　これほど"一般的な"被害であるにもかかわらず，被害者の声が人々の耳に届くことはほとんどない。前出の内閣府による調査でも，被害について相談しなかった人の割合は67.5％を占めている。その理由は，「恥ずかしくてだれにも言えなかった」（38.0％），「自分さえがまんすれば，なんとかこのままやっていけると思ったから」（30.4％）などであり，警察に相談した人はわずか4.3％に留まる。

　さらに，性暴力の被害者といって想定されるのは女性であり，男性も性被害を受けるという事実はあまり知られていない。年少の男児や思春期の男子，成人男性も性暴力の被害に遭う。家庭内での性的虐待や子どもへのわいせつ行為のほか，学校での性的ないじめや部活内の性的行為の強制，酒の席でのセクハラなども性暴力の一例である。こうした男性への性暴力や，家庭や学校，職場での性暴力は，さらに被害者が訴え出ることが難しい。

　性暴力は男女ともに多く起きていながら，専門家に対してさえ，援助を求める人は限られている。なぜ，性暴力被害への援助要請は少ないのだろうか。

⊙ なぜ援助を求められないのか

　殴る，蹴るといった暴力と比べ，性的な暴力は，被害者に強い恥辱感をもたらす。驚きや恐怖感，不快感から身体がすくんで動けなくなり，加害者の巧妙なグルーミングと呼ばれる手なづけ行動（被害者の信用や立場を利用し，愛情や関心を向けるふりをして近づき，報酬や脅迫を織り交ぜて被害者をコントロールする多様な手段）によって逃げられなくなる。被害者は強い無力感をいだき，「抵抗できなかっ

た自分が悪い」とか「自分に隙があったから」という自責の念に苛まれてしまう。こうした恥と自責感から，身に起きたことをだれにも言えずにいる被害者は多い。

　こうした思いは，男性の被害者ではさらに強まる傾向がある。「まさか男の自分が？」と戸惑い，性被害を受けたという事実を認めるのが難しいからである。事実の否認から，過剰に「男らしく」ふるまおうとし，攻撃的になる人もいる。

　また，強い恐怖や混乱をもたらす性暴力は，トラウマ（心的外傷）となりやすく，フラッシュバックや回避などのトラウマ症状が生じる。被害者は，できごとを思い出すと気分が悪くなるため，その話を避けようとする。被害体験を話したくないだけでなく，話せないというトラウマ症状によって援助が求められないのである。

　幼い子どもの場合，身に起きたことの意味がわからず，「何か変だ」という感覚を大人に伝えられなかったり，加害者の口止めや脅しによって言えずにいたりする。思春期以降の恋人からの性暴力も同様に，相手の行為を「いやだ」と感じても，それを「愛情表現」だと思い込まされていることがある。そのため，本人が援助要請の必要性を感じられない。しかし，性暴力は性行為ではなく暴力である。その違いを被害者自身が知らなければ，「被害」と認識できず，援助も要請されない。

　さらに，援助要請が難しい理由として，話した相手の不適切な反応が挙げられる。被害者が勇気をもって打ち明けても，相手が深刻な内容を受け止めきれず，動揺したり，ショックから「まさか」と否認したり，「忘れたほうがいい」などと安易に励まそうとすることがある。被害者は「相手を困らせてしまった」と申し訳なく感じたり，「自分の話を信じてもらえなかった」と傷ついたりしてしまう。

　「どうして逃げなかったの？」などと被害者が責められ，まるで被害者に落ち度があるかのように非難されることもある。こうした周囲の理解のない反応や誹謗中傷といった二次被害により，だれにも相談できないと感じてしまう被害者は多い。

◉性暴力被害者へのよりよい援助のために

　まず，性暴力を受けた人が「これは被害だ」と気づき，援助を求める必要性を自覚できるようにすることが大切である。性暴力に関する啓発やトラウマの心理教育が，被害者や周囲の人たちの理解を促し，援助を求める動機づけを高める。また，二次被害を予防し，被害者が適切な援助を受けられる支援体制が求められる。

引用文献
内閣府男女共同参画局　2015　男女間における暴力に関する調査（平成26年度調査）報告書.
野坂祐子・吉田博美・笹川真紀子・内海千種・角谷詩織　2005　高校生の性暴力被害と精神健康との関連. トラウマティック・ストレス，**3**，67-75.

ヘッドスペース（headspace）は，12〜25歳の若者を対象としたオーストラリア（豪州）の相談機関だ。この世代の若者は援助ニーズが高く，にもかかわらず，援助要請をしないという研究成果からデザインされたものである。このような施設が豪州全体をカバーし，設置されている。詳しくは公式ホームページを参照されたい（https://www.headsp ace.org.au/）。

私たちも2つの施設を訪問した。個別のカウンセリングやグループカウンセリング，提供しているサービスは目新しいものではなかった。しかし，そのサービスは援助要請の視点から組み立てられていた。私が一番興味深いと感じたのは，いじめ，自傷，摂食障害，薬物依存などの問題別のチラシである。問題領域別に援助要請の方法や援助要請を促進させるような記述が見られた。

施設名について，「どうして"ヘッドスペース"なのですか？　心理学をベースにした援助なのだから"マインドスペース"ではないでしょうか？」とカウンセラーに質問した。「ヘッドスペースという名前のほうが来談しやすいですよね」という回答であった。相談室の名前にも来談者の視点が反映されているのである。

（写真左）豪州キャンベラ郊外クィーンビアン地区のヘッドスペース
（写真右）問題領域別のチラシ

第III部

援助実践の現場から

援助要請を考慮した
援助方法・システムの構築

第 **7** 章
スクールカウンセラーへの
援助要請を促す支援
「チーム学校」としての教育体制の中で

太田　仁　Jin Ota

　学校で一日の大半を過ごす子どもたちにとって，できないことやわからないことを先生や友だちに相談することは学校生活の適応に大きな役割を果たす（水野，2014）。しかし，子どもたちが直面する課題には身近な援助者による解決が難しいものや，級友や教師，時には家族にも言えない問題もある。そういった問題の解決に対して，「チーム学校」としての教育体制の中でスクールカウンセラー（以下，SC）による援助が期待されている。

　2015年（平成27年）中央教育審議会答申では，「社会や経済の変化に伴い，子どもや家庭，地域社会も変容し，生徒指導や特別支援教育等に関わる課題が複雑化・多様化しており，学校や教師だけでは，十分に解決することができない課題も増えている」として，SC を含む専門職を統合した「チームとしての学校」の体制の整備により，子どもたちの教育活動を充実していくことが期待できることを示した。

　しかし SC に対する援助要請研究を概観すると，子どもは SC をそれほど利用しないことがわかる。たとえば，山口ら（2004）は，中学生372名を対象に，領域ごとに相談する相手を質問した。その結果，心の教室相談員・SC に相談すると答えた中学生は，心理・社会領域が 7 名（1.9%），学習領域が 8 名（2.2%），進路領域が10名（2.7%），心身・健康領域が11名（3.0%）であった。また，水野ら（2006）は中学生477名を対象に，教師や SC に対する被援助志向性を質問している。その結果，学習・進路，心理・社会・健康領域の SC・心の教室相談員に対する被援助志向性は 5 点満点で平均1.3～2 点ときわめて低かった。教師についての被援助志向性も平均1.57～2.07点と低かった。

　こうした子どもの SC に対する低い被援助志向性，そして，SC が常勤ではなく週 1 回程度のパートタイム勤務であることを考えると，教師との協働

が有用である（瀬戸・下山，2004）。本章では，⑴SCによる専門的援助に対する利用の手控えであるサービスギャップを埋める支援を検討し，⑵各々の支援を援助を求める過程にそって示し，SCへの親和性を高める互恵的規範形成について考える。

● ◎ ●
１．SC利用におけるサービスギャップ

⑴　なぜ子どもはSCに援助要請しづらいのか

　子どもはカウンセラーに援助を求めづらいのだろうか？　この点について，谷川・葛西（2002）は，SCが配置された4校の生徒635名とその保護者534名を対象に調査を実施し，SCに相談したことがないと答えた生徒にその理由を尋ねている。第1位の理由は「特に相談するような悩みがなかった」（56.4%）であった。続いて「知らない人に話すのが恥ずかしかったから」（21.8%），「相談室に入りにくかったから」（21.8%），「相談の仕方がわからなかったから」（19.7%），「相談できることを知らなかったから」（18.6%）であった。

　しかし，この結果はSCの援助が効果的ではないということを意味しているのではない。SCの援助効果についてまとめた文部科学省の事例（文部科学省，2005）によると，学校全体からは，「SCの助言により，家庭，関係機関との連携の下，学校全体で生徒指導に取り組めるようになった」とされ，児童生徒・保護者から，「SCが，教師とは異なり，成績の評価などを行わない第三者的存在であるため，児童生徒が気兼ねなくカウンセリングを受けることができた」，さらに教師からも，「カウンセリングを受けることによって，児童生徒が自らを振り返り，自己を解決しようとする努力が行われ，それがきっかけとなって，ものごとへの意欲が高まり，不登校が解消された」といった報告がなされており，SCによる援助を受けた子どもたちはその援助効果と成果について認知しているといえよう。

⑵　学級集団の斉一性とスティグマ

　日本の学校は学級集団で動いている。子どもたちの集団発達は，親や教師

の援助からの離脱を意図して斉一性を重んじる小学3年生頃からつくられる。子どもたちの集団は、高校生頃には次第に自他の相違点を認め合いながら形成されるようになっていく（落合・佐藤, 1996）。しかし、小学3年生頃から中学生の頃は、仲間集団への忠誠や同調により自立への不安が補償されることから、異質な部分が感じられる特定の誰かを疎外することで集団が維持されている（黒沢ら, 2003）。いつも一緒に居てくれる仲間であるためには、内心では納得・安心していなくても斉一的な行動を余儀なくされている実態がある（榎本, 1999）。こういった同調への圧力は個人の知覚を歪めてしまうことが予測される（Asch, 1956）ことから、自分自身の困窮事態についても、集団の多数派の反応と異なる場合は自らの困窮事態を軽視したり甘受したりして違和感の表明が控えられ、援助要請を抑制することが予測される（Latané & Darley, 1970）。

　もうひとつ考えられる要素は、スティグマ（汚名）である。スティグマとは、個人が所属する集団や社会がもつ負のイメージを個人に烙印するパブリックスティグマ（public stigma）、そういった集団や社会が有するスティグマに対する個人の認識を表す知覚されたスティグマ（perceived stigma）、自分自身が心理社会的問題の解決に専門家の援助を求めることに対する周囲からの否定的評価に対する認知を指すセルフスティグマ（self stigma）に分けられ、援助要請の抑制プロセスが検討されている（Vogel et al., 2007）。

　子どもたちのSCへの援助要請に関連するスティグマの働きについて換言すれば、子どもの仲間や学年、学校全体がもつSCへの援助要請に対する否定的なイメージ（＝パブリックスティグマ）やそれらについての個々の子どもの認識（＝知覚されたスティグマ）、さらには子ども自身がもつSCに助けを求めることへの否定的評価（＝セルフスティグマ）が援助要請を疎外するといえる。

● ◉ ●

2．SCへの援助要請プロセスに関連する要因と介入方法

　クラスの雰囲気やクラスメイト・友人への慮りから援助要請を控える子どもたちが、そういった圧力から解放される場所として、保健室がある。養護

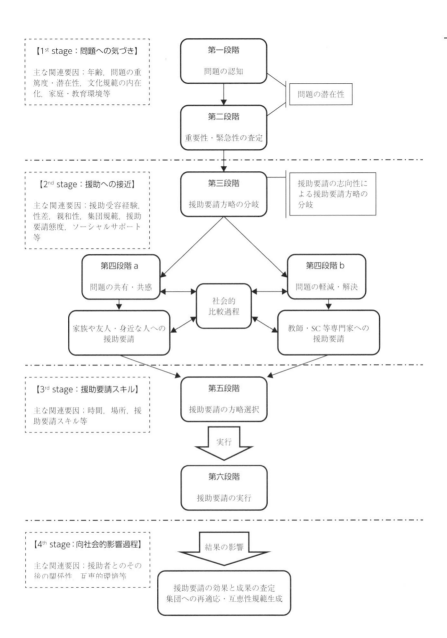

【1st stage：問題への気づき】

主な関連要因：年齢，問題の重篤度・潜在性，文化規範の内在化，家庭・教育環境等

第一段階
問題の認知

問題の潜在性

第二段階
重要性・緊急性の査定

【2nd stage：援助への接近】

主な関連要因：援助受容経験，性差，親和性，集団規範，援助要請態度，ソーシャルサポート等

第三段階
援助要請方略の分岐

援助要請の志向性による援助要請方略の分岐

第四段階 a
問題の共有・共感

社会的比較過程

第四段階 b
問題の軽減・解決

家族や友人・身近な人への援助要請

教師・SC 等専門家への援助要請

【3rd stage：援助要請スキル】

主な関連要因：時間，場所，援助要請スキル等

第五段階
援助要請の方略選択

実行

第六段階
援助要請の実行

【4th stage：向社会的影響過程】

主な関連要因：援助者とのその後の関係性，互恵的環境等

結果の影響

援助要請の効果と成果の査定
集団への再適応・互恵性規範生成

図 7 - 1　子どもの SC への援助要請過程
（高木，1997をもとに作成）

教諭は，来室する子どもたちの生活文脈に寄り添いながら，その心身の不調を回復すべく医療的専門機関での受診指導も含めて，SC との協働支援を行っている。

　保健室で養護教諭に勧められて SC への来談をする子どもたちの他にも，潜在的に SC の援助が必要な子どもたちはいる。その子どもたちが SC に援助を求められない背景には，多様な要因が輻輳的に関連している。図7-1にSC への援助要請過程をまとめた。┊ ┄ ┄ ┄ ┄ ┄ ┄ ┄ ┄ ┊には，各段階で援助要請に関連する要因をノミネートした。

(1)　1st stage：問題への気づき

　子ども自身，または家庭，学校で親・教師が子どもの問題に気づく段階である。小学校低学年では心身の違和感について直接親や教師に援助を求めることやその様子から周囲も気づくことが多い。しかし，思春期を迎える小学3年生頃からは，集団への忠誠による同調から親や教師には援助を求めることが抑制され，問題や悩みを抱えていても平静を装っていることも多い。そのため，重要性・緊急性を誤って認知することもある。

　また，子ども自身が問題と認知していない背景に潜在的要因として発達障害等の障がいがある場合は，周囲の親や教師も問題の所在を誤る場合もある。特に，特別支援教育についての知識や支援技術については，未習の教師は少なくない（川戸ら，2015）。また貧困等の問題が背景にある場合もあり，特別支援コーディネーターやスクールソーシャルワーカー（SSW）等による援助チームによる問題の査定が必要である。

　この段階で SC への親和性を高め援助を求めやすくする方法に開発的カウンセリングがある（Blocher, 1966）。開発的カウンセリングは，教育的，予防的目標で行われ，カウンセリングへの親和性を開発する前駆的カウンセリングである。具体的には，学級の児童生徒を対象とし，ソーシャルスキル・トレーニング（SST）や構成的グループ・エンカウンター（SGE）等を用いた，援助を求めることへの抵抗感を低め互恵的対人行動を経験する活動が有用であろう。これらの取り組みが教師と SC の協働で行われることにより，学級の互恵的雰囲気の形成や SC への親和性が高められ，その結果，SC への援助要請が促進されることが期待できる。

太田・高木（2011）は，親の援助要請促進を目的として，年間 8 回の定期的な講座を開き，平均224名の親の参加を得て，地域の規範や親の生活文脈にそった課題別の構成的グループ・エンカウンター（SGE）や SST を高校で実施している。その結果，親・教師・生徒のカウンセリングへの来談者増を報告している。このことから，教師や保護者を対象とした意図的・継続的心理教育がチーム資源の開発とチームワークの形成にも有用であるとともに，子どもの援助要請に対する肯定的認知の促進にも間接的影響をもたらすことが予測される。

援助資源の集約と合理的活用には石隈・田村（2003）による「援助チームシート」「援助資源シート」が有用であろう。「援助チームシート」は，個々の子どもの援助案をまとめ，「援助資源シート」では，援助案にそった援助資源がノミネートされるようになっており，子どもの生活文脈にそった呼応性の高い援助チームの構成に役立つ。

⑵ 2nd stage：援助への接近

このステージは，援助を求める意思を決定するステージである。援助要請の意思決定には，援助を求めることに伴う報酬とコストが影響する（たとえば，西川，1986; 相川，1989）。特に，援助要請に伴う自己評価の低下は大きな損失である（Nadler & Fisher, 1986）。子どもにとって援助要請が準拠集団の仲間にどのように評価されるかといった社会的比較過程（Festinger, 1954）は，自己評価の基準となる。

永井・新井（2013）では，学級における友人同士の支え合いの活性化に注目し，ピア・サポートトレーニングを行い，援助要請に伴う利益予期が上昇したことを報告している。また，トレーニングの実施から12週間後においてもその成果が維持されていることや「学習・進路問題の相談行動」についてもポジティブな評価がなされていることから，援助要請に対する肯定的な態度と学級の互恵的規範の形成に寄与する活動であることが推察される。また，西山・山本（2002）によると，ピア・サポートは学級の援助授受の規範を促し，子どもたち自身が有する援助資源の開発やその適用も促す活動であり，互恵的規範の形成に役立つとされている。

学級における援助授受に対する肯定的な規範の形成は，子どもたちの肯定

的援助要請態度の形成や援助不安（水野，2004）の低減に影響することも報告されている（後藤・平石，2013）。これらの報告から，互恵的な学級規範の形成がサービスギャップを埋め，SCへの援助要請を促進する重要な要因といえよう。

一方，阿部・太田（2014）は，教師に叱られた経験について，その原因を多くの生徒が自分のためを思って「先生」が叱ってくれたと認知しており，叱ってくれる教師に肯定的援助要請態度を有していることを明らかにしている。また高木・太田（2010）では，高校生においても，注意をする先生に対して相談しやすさを感じていることを報告している。このことは，阿部・太田（2014）でも報告されたように，教師の指導が合理的であるとの生徒の認知が介在していることと符合する。

(3) 3rd stage：援助要請スキル

このステージは，援助要請の実行に関わるステージである。このステージでは，SCの相談室の校内での場所や雰囲気，入りやすさなどが課題である。また，援助要請については，それまでの親や教師といった大人からの子どもたちへの援助を意図した指導や叱責などの経験の認知もSCからの援助受容に影響することが考えられる。

SCへの親和性を高める実践に自由来室活動がある。自由来室とは，SCが子どもの来室促進を意図して休み時間等に相談室を自由に訪問し過ごさせる活動である（半田・有賀，2002）。子どもたちは，自由来室を通じてSCが自分にとって有用な援助者であるか否かをテストする機会としていることが推測される。

自由来室活動の実際は，休み時間や放課後には，個人でもグループでも問題の有無を問わずだれでも来室ができて，そこでSCや他の来室生徒と相談したり雑談したりすることを通じて，落ちついたり対人関係を学んだりできるように工夫されている。SCによる相談活動は予約相談と飛び込み相談とに分けて子どもたちに広報されて，そのニーズに応えるようになされている。その結果，平均30名程度の生徒の自由来室を得て，SCへの親和性を高め，個別相談につながったことが報告されている。

また，河本（2002）では，心理臨床的なアプローチに限定しない学習サ

ポートを含む多様な援助が来談者の満足と周辺的で潜在性の高い問題の援助要請を促したとの報告がある。これらの報告は，子どもたちが援助を求める前に援助者との関係性を優先していることを示しているといえる。すなわち，SCとの周辺的な相互作用の結果を査定し，援助要請実行の可否を決断する様子がうかがわれる。このことから，休み時間や行事等のインフォーマルな機会での接触頻度を高めることはSCへの来談促進に有用な活動であるといえよう。

⑷　4th stage：向社会的影響過程

　SCへの援助要請が実行され，SCからの援助を受容し問題が軽減または解決したことについての評価は，その効果として認知され，その成果はその後の子どもたちの互恵的態度に反映される。ここでは，SCへの来談までの経緯やその援助により自分が救われたかどうかが査定される。たとえば，主訴については解決されたが，仲間やクラスメイトに自分の弱さが知られたのではないかといった不安が生起する。この段階のフォローアップについても，SCと教師との協働により，SCの援助を求めることの大切さを本人だけでなく学級全体で共有することが，潜在的に悩みを抱える子どもたちのSCへの援助要請に勇気を与えることとなる。

● ◉ ●
3．おわりに

　悩み苦しむ日々の中で「助けて」と素直に言えないわけや，困った状況から助けを求めるまでの変化を理解することは，心を救う援助に不可欠な作業である（太田，2005）。子どものSCへの援助要請過程にそった支援を行うことで，チーム学校としての教育体制の中でのSCの援助がより有用なものとなるだろう。

引用文献

阿部晋吾・太田　仁　2014　中学生の叱られ経験後の援助要請態度——自己愛傾向による差異．教育心理学研究，**62**，294-304．

相川　充　1989　援助行動. 大坊郁夫・安藤清志・池田謙一編著　社会心理学パースペクティブ1――個人から他者へ. 291-311, 誠信書房.

Asch, S. E.　1956　Studies of independence and conformity: I. A minority of one against a unanimous majority. *Psychological Monographs: General and Applied*, **70**(9), 1-70.

Blocher, D. H. 1966 *Developmental counseling*. New York: Roland Press［中西信男・神保信一訳　1972　開発的カウンセリング. 国土社］.

中央教育審議会　2015　チームとしての学校の在り方と今後の改善方策について（答申）. http://www.mext.go.jp/b_menu/shingi/chukyo/chukyo0/toushin/__icsFiles/afieldfile/2016/02/05/1365657_00.pdf（2016年8月4日）

榎本淳子　1999　青年期における友人との活動と友人に対する感情の発達的変化. 教育心理学研究, **47**, 180-190.

Festinger, L.　1954　A theory of social comparison processes. *Human Relations*, **7**, 117-140.

後藤綾文・平石賢二　2013　中学生における同じ学級の友人への被援助志向性――学級の援助要請規範と個人の援助要請態度, 援助不安との関連. 学校心理学研究, **13**, 53-64.

黒沢幸子・有本和晃・森　俊夫　2003　仲間関係発達尺度の開発――ギャング, チャム, ピア・グループの概念にそって. 目白大学人間社会学部紀要, **3**, 21-33.

半田一郎・有賀直美　2002　自由来室活動を行うあるスクールカウンセラーに対する中学生の捉え方. 学校心理学研究, **2**, 61-69.

石隈利紀・田村節子　2003　石隈・田村式援助シートによるチーム援助入門――学校心理学・実践編. 図書文化社.

川戸明子・太田　仁・伊丹昌一　2015　特別支援学校における「指導実践改善シート」～1作成までの経緯――視覚障害・聴覚障害・知的障害・肢体不自由・病弱・発達障害児の適正指導の共有に向けて. 梅花女子大学心理こども学部紀要, **5**, 43-66.

河本　肇　2002　適応指導教室の目的と援助活動に関する指導員の意識. カウンセリング研究, **35**, 97-104.

Latané, B. & Darley, J. M.　1970　*The unresponsive bystander: Why doesn't he help?* New York: Appleton-Century-Crofts.

水野治久　2004　中学生が教師に援助を求めるときの不安に関する研究. 日本心理学会第68回大会発表論文集, 1162.

水野治久　2014　子どもと教師のための「チーム援助」の進め方. 金子書房.

水野治久・石隈利紀・田村修一　2006　中学生を取り巻くヘルパーに対する被援助志向性に関する研究――学校心理学の視点から. カウンセリング研究, **39**, 17-27.

文部科学省　2005　教職員配置等の在り方に関する調査研究協力者会議（第3回）, 参考資料12. http://www.mext.go.jp/b_menu/shingi/chousa/shotou/029/shiryo/05070501/s012.htm（2016年8月4日）

Nadler, A. & Fisher, J. D.　1986　The role of threat to self-esteem and perceived control in recipient reaction to help: Theory development and empirical validation. *Advances in Experimental Social Psychology*, **19**, 81-122.

永井　智・新井邦二郎　2013　ピア・サポートトレーニングが中学生における友人へ

の援助要請に与える影響の検討. 学校心理学研究, **13**, 65-76.

西川正之　1986　返礼義務感に及ぼす援助意図性, 援助成果, および援助出費の効果. 心理学研究, **57**, 214-219.

西山久子・山本 力　2002　実践的ピアサポートおよび仲間支援活動の背景と動向――ピアサポート／仲間支援活動の起源から現在まで. 岡山大学教育実践総合センター紀要, **2**, 81-93.

落合良行・佐藤有耕　1996　青年期における友達とのつきあい方の発達的変化. 教育心理学研究, **44**, 55-65.

太田 仁　2005　たすけを求める心と行動. 金子書房.

太田 仁・高木 修　2011　親の援助要請態度に関する実証的・実践的研究. 関西大学社会学部紀要, **42**(2), 27-63.

瀬戸瑠夏・下山晴彦　2004　日本におけるスクールカウンセリングの現状分析――文献レビューによる活動モデル構築への展望. 東京大学大学院教育学研究科紀要, **43**, 133-145.

高木 修　1997　援助行動の生起過程に関するモデルの提案. 関西大学社会学部紀要, **29**(1), 1-21.

高木 修・太田 仁　2010　高校生の学校生活における援助要請態度. 関西大学社会学部紀要, **41**(2), 89-104.

谷川健二・葛西真記子　2002　スクール・カウンセラー活用に関する中学生とその保護者の意識について――信頼感とソーシャル・サポートの視点から. 鳴門生徒指導研究, **12**, 3-17.

Vogel, D. L., Wade, N. G., & Hackler, A. H.　2007　Perceived public stigma and the willingness to seek counseling: The mediating roles of self-stigma and attitudes toward counseling. *Journal of Counseling Psychology*, **54**, 40-50.

山口豊一・水野治久・石隈利紀　2004　中学生の悩みの経験・深刻度と被援助志向性の関連――学校心理学の視点を活かした実践のために. カウンセリング研究, **37**, 241-249.

第 **8** 章

医療機関への援助要請

梅垣 佑介 Yusuke Umegaki

● ◎ ●
1．はじめに

　こころの問題の診断・治療を目的とした医療行為が提供され，心理援助職によるカウンセリングや心理検査を受けられることも多い医療機関は，こころの問題に関する重要な援助要請先のひとつである。こころの問題について医療機関に援助を求めるのは，次のような場合と考えられる。

1．問題の深刻度が高く，専門的な治療・援助が必要と考えられる場合
2．問題が深刻と思われるが，その実態が分からず，明らかにする上で専門的な診断や検査が必要と考えられる場合
3．その他，自力での解決や非専門家のサポートのみでの解決を目指すことが適切でないと考えられる場合

　本章では，医療機関への援助要請を「医療機関で従事する医師や心理援助職に対し，専門的な治療・援助を求めること」と定義し，関連する研究を概観する。なお，相談機関や心理援助サービスのみを扱った研究は対象外とした。

● ◎ ●
2．医療機関への援助要請研究の概観

　医療機関への援助要請研究は，(1)援助要請の実態調査，(2)援助要請プロセスの研究，(3)援助要請の抑制・促進要因に関する研究，(4)援助要請促進のための介入研究の4つに大別される。このうち，本節では(1)から(3)を紹介し，実践的な色合いが強い(4)を次節で紹介する。

(1)　医療機関への援助要請の実態調査

　国内外の疫学調査から，精神障害などのこころの問題に苦しむ人の多くが医療機関に援助要請をしない傾向が示されている。わが国の一般住民を対象に行われた調査によれば，DSM-IV 診断に該当する状態であっても過去12カ月間に医療機関などに援助を求めた割合は20.0〜21.9% であった（Ishikawa et al., 2016; Naganuma et al., 2006）。こころの問題に関する援助要請率は欧米でも 3 割前後で，やや改善傾向にあるもののやはり低い（Alonso et al., 2004; Kessler et al., 2005）。問題を抱えながら医療機関などに援助を求めない現象はサービスギャップと定義され（Stefl & Prosperi, 1985），こころの問題を抱える人と治療・援助の間の溝を埋めることが大きな課題である。

(2)　医療機関への援助要請プロセスの研究

　国内外の複数の研究が援助要請の意思決定プロセスをモデル化している。ここでは専門機関への援助要請プロセスをシンプルに示し，関連変数を網羅したスレブニクら（Srebnik et al., 1996）を改変して紹介する（図 8 - 1 ）。

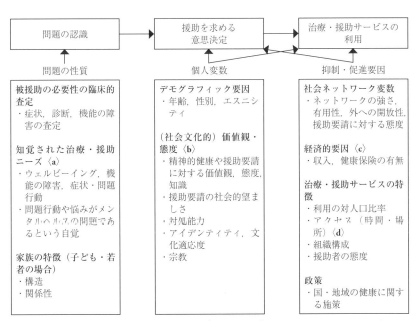

図 8 - 1　医療機関への援助要請のプロセスモデル（Srebnik et al., 1996を改変）

医療機関への援助要請のプロセスは，問題の認識，援助を求める意思決定，治療・援助サービスの利用という3段階に分けられる。各段階において関連する要因があり，問題の認識段階においては問題の性質（被援助の必要性の臨床的査定，知覚された治療・援助ニーズなど）が影響する。援助を求める意思決定と治療・援助サービスの利用の段階では，さまざまな個人変数（デモグラフィック要因，価値観・態度など）やその他の抑制・促進要因（社会ネットワーク変数，経済的要因，治療・援助サービスの特徴など）が影響する。

(3)　医療機関への援助要請の抑制・促進要因に関する研究

　図8-1で示した要因が医療機関への援助要請とどのように関連するかが検討されている。国外で行われた大規模調査の結果に基づき，そういった要因を，知覚された治療・援助ニーズの低さ，認知的要因，構造的要因，その他の要因に分けて紹介する。

■知覚された治療・援助ニーズの低さ

　問題の深刻さに関係なく，医療機関に援助を求めるにあたっての最大の障壁は，知覚された治療・援助ニーズの低さ（図8-1〈a〉）である（Andrade et al., 2014; Mojtabai et al., 2011）。客観的にみて治療・援助が必要な状態であっても，本人がその必要性を感じないことは問題の認識を妨げ，援助要請の大きな障壁になる。知覚された治療・援助ニーズは，高齢（65歳以上），男性，症状が軽度，といった場合に特に低い。

■認知的要因

　問題の存在を認識し，援助要請の必要性を感じながら医療機関に援助を求めない人には，「自力で問題に対処したい」，「問題は深刻でない」，「治療・援助は役に立たない」，「いずれ良くなるだろう」といった（社会文化的な）価値観・態度（図8-1〈b〉）が認められる（Andrade et al., 2014; Mojtabai et al., 2011; Prins et al., 2011; Sareen et al., 2007）。自身の対処能力への過度な期待や状態の楽観視，治療・援助効果への悲観的観測が，医療機関への援助要請を抑制する可能性がある。

■ **構造的要因**

　専門的な治療・援助の必要性を感じながら求めなかった人の多くが経済的要因（保険適用がない，治療費が出せない；図 8 - 1〈c〉）やアクセスのなさ（どこに援助を求めればよいか分からない，予約が取れない；図 8 - 1〈d〉）を報告している（Andrade et al., 2014; Mojtabai et al., 2011; Sareen et al., 2007）。これらは若年～中年（18～49歳），症状が重度の場合に特に多い。

■ **その他の要因**

　他にも，図 8 - 1 で示したような様々な要因が，医療機関への援助要請を抑制・促進すると考えられる。さらに，メンタルヘルスリテラシーの低さやスティグマ，強い感情とその表出への恐れ，肯定的な自己イメージの維持欲求，過去の被援助体験のなさ，援助者に対する信頼の低さなども，専門的な援助を求める行動を抑制すると指摘されている（Gulliver et al., 2010; Vogel et al., 2007）。

⑷　**先行研究の課題**

　援助要請の関連変数は多く指摘されているものの，それらの多くは抑制要因であり，促進要因の検討は十分でない（Gulliver et al., 2010）。また，対象者の属性や援助要請のプロセスに応じた関連要因の検討も必要である。さらに，研究によって測定される援助要請の側面（態度，意図，行動）や尺度が異なり，他の研究との比較や一般化が難しい場合があることも先行研究の課題である。

　知覚された治療・援助ニーズの低さや状態の楽観視は，自力で対処したいという欲求の表れと考えることができる。そういった思いと，専門的な治療・援助を受けることとの折り合いをうまくつけるのも，援助要請研究における課題である。そのためには，次節で述べるような情報提供やスティグマ低減アプローチを通して，「援助を求めることも大切な対処能力のひとつ」というように対処の主体としての本人を尊重したメッセージを発信することにより，援助要請に伴う自尊感情への傷つきを小さくすることができるかもしれない。

3．実践への応用と課題

　本節では，援助要請研究の知見を実践に応用する試みとして，援助要請促
進のための介入研究と，援助提供の新しいアプローチを紹介する。

⑴　援助要請促進のための介入研究

　医療機関への援助要請を促進する方法は，質的研究や準実験，ランダム化
比較試験（RCT）などさまざまな方法論で検討されている。ここでは，う
つ・不安や一般的な心理的問題について，医療機関への援助要請の促進のた
めの介入を行い，RCT を用いて効果を検討した研究をまとめた（表 8 - 1 ）。

　介入内容としては，メンタルヘルスやこころの問題とスティグマに関する
心理教育，さらにその対処や援助要請に関する情報提供を行うアプローチが
多くみられた。これらはウェブサイトなどインターネット上でなされること
が多いほか，講義形式や読み物の配布といった形でなされることもあった。
ほかには，オンラインで自助プログラムを提供するアプローチや，心理療法
を受けた体験をビデオで共有するアプローチもあった。

　これらの研究の結果から，こころの問題やスティグマ低減に関する心理教
育を行った場合，援助要請態度・意図が改善した場合とそうでない場合が
あった（態度：Cohen's $d=.05-.58$，意図：$d=.04-.53$）。援助要請行動の有
意な改善が報告されたのは 1 研究のみで（Christensen et al., 2006），一定の心
理的不調（K10で12点以上）を示す対象者に認知行動療法（CBT）に基づく
オンライン自助プログラムを提供した結果，専門的サービス利用行動が統制
群と比較して有意に促進された（$d=.24$）。特に CBT を求める傾向が高く，
その傾向は 6 カ月後も続いた。

⑵　援助のための新しいアプローチ：インターネット上での援助提供

　医療機関への援助要請にはさまざまな抑制要因が働き，依然として敷居が
高い。専門的な援助に対するアクセシビリティを改善するうえで，インター
ネット上で援助を提供する試みが有効である可能性がある。

　インターネット上で特に多く提供される CBT（iCBT）は，複数のメタア

ナリシスから中程度の抑うつ改善効果が示されている（たとえば，Andrews et al., 2010; Spek et al., 2007）。インターネット上で提供されることで，アクセシビリティの改善やコストの削減，プライバシーの高さやスティグマによる影響の受けなさなどさまざまなメリットが考えられることに加えて（梅垣，2014），対面式の治療・援助への援助要請行動が促進される可能性がある（Christensen et al., 2006）。インターネット上での援助の提供は，医療機関への援助要請が孕む限界を越えた新しい援助サービスのあり方として，そして実際の援助要請行動の促進方法として，今後の実践へのさらなる応用が待たれる。iCBT のレビューについては梅垣ら（2012）や梅垣（2014）を参照されたい。

(3) 実践への応用の課題

　援助要請促進のための介入研究は多くなく，研究間で一致した結果は得られていない。その背景にはサンプルの小ささと偏り，ユニバーサル・デザインの限界，介入プログラムの多様さと複雑さ，測定尺度の統一性のなさ，長期的な効果の未検討といった課題がある。また，うつや不安に限定しない多様なこころの問題についての援助要請の促進アプローチについても，これからの知見の蓄積が待たれる。

　一方で，偏った介入が逆効果をもたらす危険性が指摘されている。米国の大学生が専門的な心理援助を求める態度は2008年までの40年間で悪化したとされ（Mackenzie et al., 2014），その要因として精神障害の神経生物学的基盤を強調した情報提供や広告が薬物療法を求める傾向を促進し，心理療法を求める態度に否定的な影響を及ぼした可能性が指摘されている。また，クリステンセンら（Christensen et al., 2006）はウェブサイトを用いて心理教育を行った結果，家族や友人への援助要請が抑制されたと報告している。特定の治療法や対象への援助要請を促進するアプローチが他への援助要請をやみくもに抑制することがないよう，広い視点から援助要請を捉え，フォーマル・インフォーマルを問わず援助資源にアクセスしやすくするような促進的アプローチを検討するべきである。

　結果が一貫しないとはいえ，複数の研究が態度・意図変数の改善を報告し，行動の促進を報告した研究もあるのは前向きな結果である。特に，対象者が

表8-1　うつ・不安・一般的な心理的問題について医療機関への援助要請促進

No	論文著者	国	対象者の属性	対象者の年齢	N ランダム化	N 介入後・FU	介入内容
1	Buckley et al. (2005)	豪	大学生，コミュニティ・サンプル	18-79, M=40.6, SD=19.2	N=80	N=80	1. 心理療法を受けた体験に関するビデオ介入群 2. 統制群
2	Christensen et al. (2006)	豪	コミュニティ・サンプル (1)K10≧12 (2)自宅か職場でインターネット環境がある (3)精神科治療・心理援助を受けていない	18-52, M=36.8, SD=9.3	N=525	N=414	1. ウェブサイト心理教育群（うつなど心理的な問題への治療・援助に関するサイト BluePages [BP]） 2. オンライン CBT 自助プログラム群（MoodGYM; MG） 3. 統制群
3	Han et al. (2006)	台	大学生	18-36, M=20.3, SD=2.18	N=299	N=252	1. うつの生物学的基盤に関する心理教育群（Bio 群） 2. スティグマ低減心理教育群（DS 群） 3. BA+DS 群 4. 統制群
4	Sharp et al. (2006)	米	大学生	18-43, M=20.2, SD=3.15	N=123	N=115	1. 心理教育群（不安，うつ，薬物乱用に関する情報，スティグマ低減，治療・援助に関する情報） 2. 統制群
5	Clarke et al. (2009)	米	18-24歳の若者 (1)過去6カ月にうつの治療・心理援助経験有/うつ診断有，または (2)うつの診断がないが専門機関にかかっている	18-24, M=22.7, SD=2.5	N=160	N=101	1. オンライン CBT 自助プログラム（うつの自己測定，うつと治療・援助に関する情報，思考記録，認知再構成・行動療法的アプローチ） 2. 統制群（TAU; 治療・援助を継続）
6	Costin et al. (2009)	豪	19-24歳の若者	19-24, M=21.4, SD=1.5	N=348	N=298	1. 基礎的心理教育メール群（うつ関連情報; BS 群） 2. 発展的心理教育メール群（うつ関連情報＋援助要請関連情報; EH 群） 3. 統制群
7	Gulliver et al. (2012)	豪	18歳以上のスポーツ選手	18-48, M=25.4, SD=5.6	N=120	N=59	1. うつ・不安のメンタルヘルスリテラシー向上，スティグマ低減介入群（MHL/DS 群） 2. 自己モニタリングと個別フィードバック群（FB 群） 3. 援助要請先リスト提供群（HS 群） 4. 統制群
8	Perry et al. (2014)	豪	中学生	13-16, M=14.8, SD=0.6	N=380	N=208	1. メンタルヘルスやスティグマ，援助要請に関する心理教育群 2. 統制群（パーソナリティ形成や保健体育に関する授業）
9	Taylor-Rodgers et al. (2014)	豪	大学生	18-25, M=21.9, SD=1.9	N=67	N=56	1. オンライン・ウェブサイト心理教育群（うつ・不安・自殺関連情報） 2. 統制群

注．FU: フォローアップ，ATSPPH: Attitude Toward Seeking Professional Psychological Help Scale, ATSPPH-SF: IASMHS: Inventory of Attitudes Toward Seeking Mental Health Services，(a): 介入・統制群間で介入後の得点に有意効果量が原文に記載されていない場合は Practical Meta-Analysis Effect Size Calculator（http://www.campbellcollabor

のためにランダム化比較試験（RCT）を用いた介入研究

介入形態	介入期間	測定された援助要請関連変数	主な結果 介入後	FU
ビデオ	30分	援助要請態度: ATSPPH (Fischer & Turner, 1970)	30分後 $d=.34$ (b)	2週間後 $d=.56$ (b)
インターネット（ウェブサイト）＋電話	6週間	援助要請行動: 2カ月間の利用行動; 自記式（家庭医・カウンセラー・心理士、抗うつ薬、CBT、カウンセリング、自助本）	6週後 BP群: $d=-.02$ MG群: $d=.24$ (a)	6カ月後 BP群: $d=.02$ MG群: $d=.13$
読み物	5-10分	援助要請態度（意欲）: Help-seeking Willingness Scale (Han et al., 2006)	2週後 Bio群: $d=.17$ (a) DS群: $d=.04$ Bio+DS群: $d=.31$ (a)	データなし
講義	40分	(1)援助要請行動: 4週間の新規利用行動 (2)援助要請態度: ATSPPH-SF (Fischer & Farina, 1995)	1週後 (1)データなし (2)$d=.26$ (b)	4週後 (1)$d=-.01$ (2)$d=.26$ (b)
インターネット（ウェブサイト）	32週間（30分×4ページ）	援助要請行動: ランダム化後12カ月間のメンタルヘルスサービス利用行動	データなし	12カ月後 $d=-.09$
インターネット（メール）	3週間	(1)援助要請行動: AHSQ（6週間の利用状況; Rickwood & Braithwaite, 1994）(2)援助要請意図: GHSQ (Wilson et al., 2005) (3)援助要請態度（認知）: 有効な援助要請先を評定	6週後 (1)BS/EH介入群: $d=-.03$ (2)BS/EH介入群: $d=.04$ (3)BS/EH介入群: $d=.53$ (a)	データなし
インターネット（ウェブサイト）	2週間	(1)援助要請行動: AHSQ（3週間の利用状況; Rickwood & Braithwaite, 1994）(2)援助要請意図: GHSQ (Wilson et al., 2005) (3)援助要請態度: ATSPPH-SF (Fischer & Farina, 1995)	5週後 (1)n.s.(MHL/DS群で有意傾向) (2)MHL/DS群: $d=.19$ (2)FB群: $d=.08$ (2)HS群: $d=.17$ (3)MHL/DS群: $d=.28$ (3)FB群: $d=-.10$ (3)HS群: $d=-.05$	3カ月後 (1)n.s. (2)MHL/DS群: $d=.05$ (2)FB群: $d=.16$ (2)HS群: $d=.14$ (3)MHL/DS群: $d=-.13$ (3)FB群: $d=.28$ (3)HS群: $d=.25$
講義	5-8週間（10時間）	援助要請態度: IASMHS (Mackenzie et al., 2004)	5-8週後 $d=.05$	6カ月後 $d=-.02$
インターネット（ウェブサイト）	3週間	(1)援助要請意図: GHSQ (Wilson et al., 2005) (2)援助要請態度: ATSPPH-SF (Fischer & Farina, 1995)	4週後 (1)対家庭医: $d=.53$ (b) 対心理士・精神科医／インターネット上: n.s. (2)$d=.58$ (b)	データなし

ATSPPH-Short Form, AHSQ: Actual Help-Seeking Questionnaire, GHSQ: General Help-Seeking Questionnaire,
差あり、(b): 介入・統制群間で介入前後の得点変化に有意差あり、d: Cohen's d,
ation.org/escalc/html/EffectSizeCalculator-Home.php）を用いて算出.

今後求める治療・援助の中身をインターネット上で事前に体験することは，後の医療機関への援助要請を促進する可能性がある。オンライン自助プログラムを，必要に応じて対面式の治療・援助サービスにつなげるための「入口」として検討することが有効かもしれない。

● ⊙ ●
4．おわりに

　医療機関への援助要請研究の目的は，こころの問題を抱えた際に誰もが専門的な治療・援助サービスの利用を検討できるよう，援助者ができることを考えることにある。そのために，医療機関への援助要請行動の促進のみを目標とするのではなく，必要とする人が必要なときに多様な援助要請を検討できるような促進的アプローチを考究するべきである。エビデンスがある治療・援助の提供を一律に進めるだけではなく，自力対処のサポートも含めその人にとっていま必要な援助は何かを考えつつ，援助を要請する力を含めた対処能力全般を広く底上げできるよう専門家としてアプローチすることが重要であろう。

引用文献

Alonso, J., Angermeyer, M. C., Bernert, S., Bruffaerts, R., Brugha, T. S., Bryson, H., ...Vollebergh, W. A.　2004　Use of mental health services in Europe: Results from the European Study of the Epidemiology of Mental Disorders（ESEMeD）project. *Acta Psychiatrica Scandinavica*, **109**, 47-54.

Andrade, L. H., Alonso, J., Mneimneh, Z., Wells, J. E., Al-Hamzawi, A., Borges, G., ...Kessler, R. C.　2014　Barriers to mental health treatment: Results from the WHO World Mental Health surveys. *Psychological Medicine*, **44**, 1303-1317.

Andrews, G., Cuijpers, P., Craske, M. G., McEvoy, P., & Titov, N.　2010　Computer therapy for the anxiety and depressive disorders is effective, acceptable and practical health care: A meta-analysis. *PLoS One*, **5**, e13196.

Buckley, G. I. & Malouff, J. M.　2005　Using modeling and vicarious reinforcement to produce more positive attitudes toward mental health treatment. *Journal of Psychology*, **139**, 197-209.

Christensen, H., Leach, L. S., Barney, L., Mackinnon, A. J., & Griffiths, K. M.　2006　The effect of web based depression interventions on self reported help seeking: Randomised controlled trial. *BMC Psychiatry*, **6**, 13.

Clarke, G., Kelleher, C., Hornbrook, M., DeBar, L., Dickerson, J., & Gullion, C.　2009　Randomized effectiveness trial of an Internet, pure self-help, cognitive behavioral intervention for depressive symptoms in young adults. *Cognitive Behaviour Therapy*, **38**, 222-234.

Costin, D. L., Mackinnon, A. J., Griffiths, K. M., Batterham, P. J., Bennett, A. J., Bennett, K., & Christensen, H.　2009　Health e-cards as a means of encouraging help seeking for depression among young adults: Randomized controlled trial. *Journal of Medical Internet Research*, **11**, e42.

Fischer, E. H. & Farina, A.　1995　Attitudes toward seeking professional psychological help: A shortened form and considerations for research. *Journal of College Student Development*, **36**, 368-373.

Fischer, E. H. & Turner, J. I.　1970　Orientations to seeking professional help: Development and research utility of an attitude scale. *Journal of Consulting and Clinical Psychology*, **35**, 79-90.

Gulliver, A., Griffiths, K. M., & Christensen, H.　2010　Perceived barriers and facilitators to mental health help-seeking in young people: A systematic review. *BMC Psychiatry*, **10**, 113.

Gulliver, A., Griffiths, K. M., Christensen, H., Mackinnon, A., Calear A. L., Parsons, A., ...Stanimirovic, R.　2012　Internet-based interventions to promote mental health help-seeking in elite athletes: An exploratory randomized controlled trial. *Journal of Medical Internet Research*, **14**, e69.

Han, D. Y., Chen, S. H., Hwang, K. K., & Wei, H. L.　2006　Effects of psychoeducation for depression on help-seeking willingness: Biological attribution versus destigmatization. *Psychiatry and Clinical Neurosciences*, **60**, 662-668.

Ishikawa, H., Kawakami, N., & Kessler, R. C.　2016　Lifetime and 12-month prevalence, severity and unmet need for treatment of common mental disorders in Japan: Results from the final dataset of World Mental Health Japan Survey. *Epidemiology and Psychiatric Sciences*, **25**, 217-229.

Kessler, R. C., Demler, O., Frank, R. G., Olfson, M., Pincus, H. A., Walters, E. E., ...Zaslavsky, A. M.　2005　Prevalence and treatment of mental disorders, 1990 to 2003. *New England Journal of Medicine*, **352**, 2515-2523.

Mackenzie, C. S., Erickson, J., Deane, F. P., & Wright, M.　2014　Changes in attitudes toward seeking mental health services: A 40-year cross-temporal meta-analysis. *Clinical Psychology Review*, **34**, 99-106.

Mackenzie, C. S., Knox, V. J., Gekoski, W. L., & Macaulay, H. L.　2004　An adaptation and extension of the attitudes toward seeking professional psychological help scale. *Journal of Applied Social Psychology*, **34**, 2410-2433.

Mojtabai, R., Olfson, M., Sampson, N. A., Jin, R., Druss, B., Wang, P. S., ...Kessler, R. C.　2011　Barriers to mental health treatment: Results from the National Comorbidity Survey Replication. *Psychological Medicine*, **41**, 1751-1761.

Naganuma, Y., Tachimori, H., Kawakami, N., Takeshima, T., Ono, Y., Uda, H., ...Kikkawa, T.　2006　Twelve-month use of mental health services in four areas in Japan: Findings from the World Mental Health Japan Survey 2002-2003. *Psychiatry and Clinical Neurosciences*, **60**,

240-248.

Perry, Y., Petrie, K., Buckley, H., Cavanagh, L., Clarke, D., Winslade, M., ...Christensen, H. 2014　Effects of a classroom-based educational resource on adolescent mental health literacy: A cluster randomised controlled trial. *Journal of Adolescence*, **37**, 1143-1151.

Prins, M., Meadows, G., Bobevski, I., Graham, A., Verhaak, P., van der Meer, K., ...Bensing, J. 2011　Perceived need for mental health care and barriers to care in the Netherlands and Australia. *Social Psychiatry and Psychiatric Epidemiology*, **46**, 1033-1044.

Rickwood, D. J. & Braithwaite, V. A.　1994　Social-psychological factors affecting help-seeking for emotional problems. *Social Science & Medicine*, **39**, 563-572.

Sareen, J., Jagdeo, A., Cox, B. J., Clara, I., ten Have, M., Belik, S. L., ...Stein, M. B.　2007　Perceived barriers to mental health service utilization in the United States, Ontario, and the Netherlands. *Psychiatric Services*, **58**, 357-364.

Sharp, W., Hargrove, D. S., Johnson, L., & Deal, W. P.　2006　Mental health education: An evaluation of a classroom based strategy to modify help seeking for mental health problems. *Journal of College Student Development*, **47**, 419-438.

Spek, V., Cuijpers, P., Nyklíček, I., Riper, H., Keyzer, J., & Pop, V.　2007　Internet-based cognitive behaviour therapy for symptoms of depression and anxiety: A meta-analysis. *Psychological Medicine*, **37**, 319-328.

Srebnik, D., Cauce, A. M., & Baydar, N.　1996　Help-seeking pathways for children and adolescents. *Journal of Emotional and Behavioral Disorders*, **4**, 210-220.

Stefl, M. E. & Prosperi, D. C.　1985　Barriers to mental health service utilization. *Community Mental Health Journal*, **21**, 167-178.

Taylor-Rodgers, E. & Batterham, P. J.　2014　Evaluation of an online psychoeducation intervention to promote mental health help seeking attitudes and intentions among young adults: Randomised controlled trial. *Journal of Affective Disorders*, **168**, 65-71.

梅垣佑介　2014　コンピュータ上・インターネット上で提供される心理援助の概観と展望．家政学研究, **61**, 41-49.

梅垣佑介・末木 新・下山晴彦　2012　インターネットを用いたうつへの認知行動療法の現状と今後の展望．精神医学, **54**, 768-778.

Vogel, D. L., Wester, S. R., & Larson, L. M.　2007　Avoidance of counseling: Psychological factors that inhibit seeking help. *Journal of Counseling and Development*, **85**, 410-422.

Wilson, C. J., Deane, F. P., Ciarrochi, J., & Rickwood, D.　2005　Measuring help-seeking intentions: Properties of the General Help-Seeking Questionnaire. *Canadian Journal of Counselling*, **39**, 15-28.

2 「道具的援助要請」という言葉に見る文化差 …… 永井 智

本書でも何度か触れられているように，学習場面での援助要請は，最小限のヒントだけを尋ねるような「自律的な援助要請」と，自分であまり考えずに答えだけを聞こうとする「依存的な援助要請」とが区別されている。前者は自律的援助要請，道具的援助要請などと呼ばれ，後者は依存的援助要請，遂行型援助要請などと呼ばれることが多い。

私がある学会誌に投稿する論文の中でこの用語を記載したところ，審査者から「道具的援助要請を適切な援助要請と呼ぶのは誤りなのではないか」との質問を受けた。これは正直，もっともと感じる疑問であった。私自身，「道具的援助要請」という言葉から連想するのは，「人をモノ扱いする」「人を都合よく使う」といった振る舞いで，要するに「依存的な援助要請」である。

そこでアメリカ出身の仲間に「道具的援助要請」とはどういうニュアンスなのかを尋ねてみたところ，「道具を使いこなすのは自分自身なのだから依存ではない」という答えが返ってきた。確かに，様々な道具を使いこなす職人は，道具に依存しているわけではない。道具を用い，極めて自律的に自らの仕事をこなしている。つまり「道具的援助要請」という言葉には「自律的に道具を用いる主体」というニュアンスが込められているのである。

「道具的」という言葉ひとつにも，このような文化差が見られるのは面白い発見であった。「甘え」という日本発祥の概念があるように，人と人とのつながりの在り方をめぐっては，文化による違いが多くある。援助要請研究では，こうした文化差への理解が重要であるといえる。

Coffee Break

性的マイノリティへの援助
援助要請の視点から

葛西 真記子　Makiko Kasai

　2015年に行われた電通ダイバーシティ・ラボ（2015）の調査によると，人口の約7.6％が性的マイノリティである。つまり，20人に1，2人は存在するということになる。性的マイノリティには同性愛（レズビアン，ゲイ），両性愛（バイセクシュアル），性別に違和感を持っている者（トランスジェンダー），その他にも性別にとらわれない生き方をする者など多様な者が含まれている。自分自身の性別についての違和感を持っている者は小学校入学前から，性的指向が異性愛でない者は小学生高学年頃から気づきはじめることが多いという調査結果もあり（いのち　リスペクト。ホワイトリボン・キャンペーン，2014），そのことについてなんとなく人に話すことではない，話すといじめられるかもしれないという不安を感じ，誰にも言わない者も多い。この不安感は家庭，学校，社会で示されている性的マイノリティへの偏見や嫌悪を自分自身にも感じているからである。そして，彼／彼女らは，外からのストレス（いじめ等）や内からのストレス（アイデンティティの混乱など）を体験し，うつや不安を感じ，精神疾患になることも多い（日高，2012; 針間，2013）。しかし，精神科を受診する割合は20％以下と低く，受診してもその中で自身の性的指向について話した者は6～10％とさらに少ない（日高，2012）。つまり，性的マイノリティの方々は多くのストレスを抱えながら，そのことを専門家に相談することが少ない。

　仮に援助要請をしたとしても，性的マイノリティについてあまり知識のないカウンセラーは多く，性的マイノリティの悩みを相談したら，カウンセラーから偏見的・差別的な発言をされたり，カウンセラーが無知でクライエントの辛さ・苦しみを全く理解してくれなかったり，性的指向を異性愛に無理に変えさせようとしたりするようなカウンセラーに遭遇することも多い。自分自身の性別のことで混乱し，傷つき，やっとの思いで相談に行ったカウンセラーにそのような態度をとられたら，もう二度と相談に行こうとは思わないだろう。

　性的マイノリティの者からの援助要請に応えるためにカウンセラーがしなくはならないことがある。第一に，自分自身の性的マイノリティに対する偏見・差別意識に気づくことである。誰しも偏見や差別を持っていることが多く，それは社会の性的マイノリティへの嫌悪を内在化しているからである。第二に，性的マイノリティについての知識・情報を得ることである。どのような言葉を使うのがいいのか，どのような選択肢があるのかについて知っておくことが重要である。たとえば，「ホ

モ」や「レズ」という言い方は当事者にとって侮辱的に聞こえ，「ゲイ」「レズビアン」という言い方をしてもらいたいと思っている当事者が多い。また，「好きな人」等の話が出てきたときに「彼」「彼女」という用語を用いずに，「パートナー」を使うことによって，性的指向の多様性を理解しているカウンセラーであることを示すことができる。性別に違和感を持っているクライエントにとっては，診断，治療，性別適合手術，戸籍の変更など選択肢は多数あり，クライエントの希望することも多様である。これらの選択肢を知っているか否かによって対応が異なり，クライエントも自分はどうしたいのかということにカウンセラーと一緒に向き合うことが重要である。第三に，性的マイノリティのクライエント特有の相談内容というものを把握することとその対応方法を学び，実践することである。アメリカ心理学会が提示している性的マイノリティのクライエントへの倫理的対応が参考になるので，その内容について知っておくことも重要である（葛西，2014）。また，クライエントを当事者団体や支援団体へつなぐことも重要である。なぜなら，自分と同じように悩んでいる仲間に会ったことがなかったり，悩みを共有したことがなかったり，将来像を思い描けなかったりする者も多いからである。

　性的マイノリティのクライエントは，自分自身の性的指向のこと，あるいは，性別違和感のことについて誰かに相談したいと思って来談しても，目の前のカウンセラーがどれくらいそのことに敏感で理解を示してくれるのかを時間をかけて見定めている。1年以上かけてようやく自己開示したクライエント，申し込みのときは自身の性別についてと言っていたが，実際目の前に座ってから50分ほどかけてようやくそのことが言えたクライエントもいた。しかし，実はいろいろなところで少しずつサインを出しているが，それに気づかないカウンセラーも多い。自分の悩みを人の話として語ったり，一般的なこととして語ったり，芸能人を挙げてわざと「気持ち悪い」と表現し，カウンセラーの反応を見ることもある。そのようなときに，流してしまわずにその発言に焦点をあてることによって，本当の援助が始まる。

引用文献
電通ダイバーシティ・ラボ　2015　電通 LGBT 調査2015.
　http://www.dentsu.co.jp/news/release/2015/0423-004032.html（2015年11月2日）
針間克己　2013　性同一性障害と自殺．産婦人科の実際，**62**, 2151-2155.
日高康晴　2012　平成23年度厚生労働科学研究費補助金 エイズ対策研究事業 報告書．
いのち リスペクト。ホワイトリボン・キャンペーン　2014　LGBT の学校生活に関する
　実態調査（2013）結果報告書．endomameta.com/schoolreport.pdf（2015年11月2日）
葛西真記子　2014　心理職へのセクシュアル・マイノリティに関する教育・訓練．針間
　克己・平田俊明編著　セクシュアル・マイノリティへの心理的支援──同性愛，性同
　一性障害を理解する．207-220, 岩崎学術出版社．

第 9 章

学生相談への援助要請

木村 真人　Masato Kimura

●◎●
1．学生相談と援助要請

　全国の大学・短期大学・高等専門学校を対象とした調査によれば，心理的な専門性に基づくカウンセラーが学生の学生生活上の問題の相談に応じる学生相談機関を設置しているのは回答のあった学校の94.4% にのぼり（岩田ら，2016），大学における専門的な学生相談・学生支援の役割の重要性は年々増している。その背景には，入学する学生の多様化，学生が抱える問題の複雑化，大学を取り巻く状況の変化などが挙げられる。しかしながら，アメリカの275大学におけるカウンセリングセンターの利用率の平均が10.9% であるのに対し（Gallagher, 2014），わが国における学生相談機関では5.7% であり（岩田ら，2016），問題や悩みを抱えながらも学生相談機関の利用に結びついていない大学生の存在がうかがえる。事実，「悩みを抱えていながら相談に来ない学生への対応」は多くの大学が抱える必要性の高い課題として報告されている（独立行政法人 日本学生支援機構，2014）。教育の一環としての学生支援・学生相談という理念に基づけば（独立行政法人 日本学生支援機構，2007），学生相談サービスには一部の問題を抱える学生のみならず，全学生を対象としたサービスの提供が求められている。

　このような援助や支援を必要とする大学生に対して，援助サービスをどのように届けるか，という課題解決に向けて，援助要請の観点から近年，わが国においても盛んに研究が進められている（木村，2014）。本章では，(1)学生相談領域における援助要請研究を概観し，(2)これまでの援助要請研究の知見から，学生相談実践に向けてどのような示唆が得られるのかを示し，(3)今後の学生相談領域における援助要請研究の課題を明らかにすることを目的と

する。

● ◎ ●
２．学生相談領域における援助要請研究のレビュー

　学生相談領域における援助要請研究は，①大学生の学生相談に対する援助
要請の特徴およびその関連要因を明らかにする研究，②学生相談に対する援
助要請の促進をねらいとした介入研究，③大学生の援助要請に配慮した学生
相談の実践研究，に大きく分類することができる。ここでは，それぞれの主
要な研究について概観する。なお，わが国の学生相談領域における援助要請
研究の2012年までのレビューについては，木村（2014）を参照されたい。

⑴　大学生の学生相談に対する援助要請の特徴およびその関連要因

　大学生の学生相談に対する援助要請の特徴として，大学生は悩みを抱えた
際に学生相談などのフォーマルな援助者よりも家族や友人などのインフォー
マルな援助者に援助を求めることを好む（木村・水野，2004）。しかし，学
生相談に対する援助要請意図と友人に学生相談の利用を勧める意図には
ギャップがあり（パーソナルサービスギャップ：Raviv et al., 2009），抑うつ
症状を抱えた場合，同じ症状であったとしても自分自身が学生相談を利用す
る意図は，友人に対して学生相談の利用を勧める意図よりも低い（木村，
2015）。このことから，学生相談に対する潜在的な援助ニーズを持ちながら
も，学生相談に対する援助要請意図が抑制されている可能性が示唆される。
性別では，女性のほうが男性よりも心理カウンセリングに対する援助要請意
図が高いという報告（中岡・兒玉，2009）の一方で，性別と援助要請に関連
はないという報告もあり（木村・水野，2008），一貫した結果は得られてい
ない。

　援助要請に関連する要因については，リら（Li et al., 2014）は18の研究に
ついてメタ分析を行い大学生のカウンセリングへの援助要請意図に関連する
９つの心理社会的変数（専門家への援助要請態度，ソーシャルサポート，自
己隠蔽，アジアの価値の遵守，心理的苦痛，パブリックスティグマ，自己開
示，利益の予期，リスクの予期）と援助要請意図との関連を検討している。

その結果，専門家への援助要請態度と利益の予期が援助要請意図と正の関連を，アジア的価値の遵守，パブリックスティグマ，リスクの予期が負の関連を示した一方で，ソーシャルサポート，自己隠蔽，自己開示は援助要請意図と有意な関連は示されなかった。

　わが国でも学生相談などの専門的な心理的援助の利用においては，専門的な心理的援助に対する態度が関連していることが報告されている。専門的な心理的援助に対する期待の高さ（中岡・兒玉，2011），学生相談利用のメリットの評価（木村・水野，2008）が学生相談の利用意図の高さと関連し，専門的な心理的援助に関わる汚名への不安の高さと援助要請意図に負の関連が報告されている（中岡・兒玉，2011）。その他，抱える悩み（永井，2010），学生相談機関の認知度・周知度（伊藤，2006; 木村・水野，2008）の関連が報告されている。

　多くの研究では，援助要請を測定する変数として態度や意図・行動を取り上げて，その変数に関連する要因が検討されてきた。それに対して，木村ら（2014）は援助要請行動を問題が生起してから実際に援助を求めるまでのいくつもの意思決定段階を含む一連のプロセスとしてとらえ，問題の生起から学生相談機関および友人・家族への援助要請行動に至るまでに6つのフィルター，7つのステージを設定し，援助要請行動のプロセスの特徴および各段階の意思決定に関連する要因について，抑うつと自殺念慮のケースで場面想定法を用いて行った調査をもとに検討した（図9-1）。その結果，援助要請行動のプロセスの特徴として，ステージⅠ「問題の認識なし」とステージⅡ「対処の必要なし」のステージにとどまる学生，つまり問題に対して何も対処しない学生が1割弱（抑うつ: 7.3%，自殺念慮: 9.7%）存在することが明らかとなった。たとえ問題を抱えたとしても，本人がその問題に気づかない，あるいは問題への対処の必要性を感じなければ，援助要請には結びつかないことを示している。したがって，専門的な援助や支援を要する問題や症状についての正しい知識や理解を持つことが，援助要請行動の生起の第一歩となる。しかし，問題を認識し何らかの対処の必要性を感じ，学生相談機関を利用しようと考えたとしても必ずしも行動に結びつくとは限らない。学生相談機関への援助要請が必要だと考える学生（ステージⅤ）は，抑うつのケースでは14.6%，自殺念慮のケースでは21.2%であったが，そのうち学生相談機

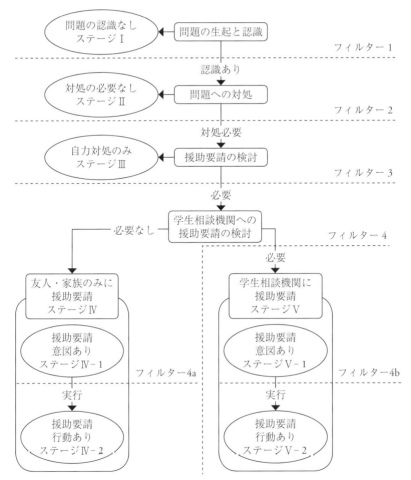

図9-1　大学生の学生相談に対する援助要請行動のプロセス（木村ら，2014）

関への援助要請を検討しても，実際には利用しないだろうと回答した学生は
およそ半数を占めた（抑うつ: 51.4%，自殺念慮: 42.9%）。このことから，学
生相談機関の利用の必要性を感じながらも，実際の行動に移すことができて
おらず，本人が必要とする援助が届いていないことがうかがえる。

　援助要請行動のプロセスに関連する要因についての検討からは，抑うつの
問題を想定した場合には，問題を深刻であると評価するほど，問題の気づき，
対処の検討，他者への援助要請の検討が促進されること，ソーシャルサポー

トが多いほど，他者への援助要請の検討が促進され，専門的な心理的援助に対する態度が肯定的であるほど，学生相談機関への援助要請を検討することが明らかとなった。自殺念慮の問題を想定した場合には，問題を深刻であると評価するほど援助要請行動のプロセスが促進され，さらに，ソーシャルサポートが少ないほど，また男性のほうが，自分ひとりでの問題解決を求めること，そして専門的な心理的援助に対する信頼性が高いほど，学生相談に対する援助要請を検討し，実際に援助要請することが明らかとなった。

　高野ら（2014a）は，実際の学生相談機関を利用した学生を対象に半構造化面接を行い，グラウンデッド・セオリー・アプローチを用いて学生相談に対する援助要請行動のプロセスの質的な検討を行った。その結果，「困難な状況に気づく」ことから始まり，学生相談機関に「実際に来談する」までには，「問題の行き詰まり」感があり，それと並行して，学生相談機関が問題解決の選択肢として上がり，「利用するかどうか検討する」際には，「行ってみようかと思う」気持ちと，「行きにくい感じ」の間で葛藤が生じるというプロセスを明らかにした。量的・質的の両方の研究から，学生相談に対する援助要請行動のプロセスの特徴およびそのプロセスの各段階において関連する要因が異なることが明らかになっており，悩みを抱えながら相談に来ない学生へのアプローチにおいて，個々の学生が援助要請行動のプロセスのどの段階にいるかを把握することが重要だと考えられる。

(2)　学生相談に対する援助要請の促進をねらいとした介入

　学生相談の利用を促す取り組みは，リーフレットの作成やガイダンスなどを通して多くの大学で行われているが（岩田ら，2016），近年，学生相談に対する援助要請の促進をねらいとした介入の実証的な研究も行われている。

　カウンセラーのビデオ映像が援助要請意識に及ぼす効果を検討した中岡ら（2012）は，カウンセラー自身がカウンセラーの基本的な対応やよくある相談内容について語り，気軽に相談するよう呼びかけるビデオ映像を見た学生のほうが，同内容をナレーションのみで紹介する映像を見た学生よりも，「援助要請不安」得点が低減し，「援助要請期待」と「援助要請意図」得点が有意に増加したと報告している。高野ら（2014b）は学生相談機関のカウンセラーが担当する講義が学生相談機関への援助要請に及ぼす効果を検証して

いる。大学生活で出合う可能性のある問題の予防と早期対処を図る予防教育および学生相談機関の詳細な情報提供を行う講義を受けた処置群と，簡潔な学生相談機関の紹介を行ったのみの統制群で，学生相談に対する援助要請の態度の変化量を比較した結果，処遇群のほうが統制群に比べて変化量が有意に大きく，受講後のほうが受講前よりも態度が肯定的になったと報告している。学生相談機関の認知度や周知度が学生相談に対する援助要請と関連するという知見（伊藤，2006）とも一貫する結果である。

(3)　大学生の援助要請に配慮した学生相談の実践研究

　前述の「悩みを抱えていながら相談に来ない学生への対応」という課題に対し，その解決に向けて各大学はそれぞれ独自の取り組みを行っている。

　最上ら（2008）は問題を抱えつつも援助を求められない学生たちに関わる方法として，自ら助けを求めない学生に対する「働きかける相談室」の取り組みを報告している。大学全体の退学者防止対策として開始された「欠席過多学生対応プロジェクト」では，4・5月の欠席率が25%を超えた学生に対して担任教員が面談を行い，心配な学生および連絡が取れず前期の取得単位が過少の学生に対して，学生相談室が電話でアプローチを行い面談を実施した。この取り組みの成果として，学内全体の退学者が大きく減少したことが報告されている。悩みを抱えた学生を学生相談室に自主来室させることが，この課題の唯一の解決策ではない。大学コミュニティ全体で学生を抱えて支援するコミュニティ・アプローチの視点（吉武，2005）に立つことで，学生と接点を持つ教職員・関連部署・保護者といったコミュニティ成員との連携・協働によるチーム支援が可能となるだろう。鬼塚（2013）の学習支援機関を軸としたコミュニティ・アプローチに基づく全学的な学生支援体制としての「包摂的リンケージ支援」や，河野ら（2013）の担当教員による「気になる学生」調査をさっかけとした教員や保護者との連携による支援はその実践例といえよう。

● ◉ ●

３．学生相談活動における援助要請の活用

　これまでの援助要請研究で得られた知見を学生相談活動にどのように応用・活用するかについて提案したい。

　まず学生相談機関の立場からである。ナムら（Nam et al., 2013）は大学生における心理的援助の専門家への援助要請態度と心理的変数の関連についてメタ分析を行い，セルフスティグマと利益の予期の効果量が大きかったと報告している。その結果から，援助要請態度を高める方法として，キャリアセンターや学習支援センターなどの関連部署と協働して予防・介入プログラムを提供する方法を提案している。この方法により，学生は学生相談利用におけるスティグマへの不安を感じずに，プログラムを利用することができるからである。また心理的援助サービスの効果に対する信頼性を高めるために，サービスを受けたことで問題が改善した割合などの具体的な成果の根拠を公表する方法を提案している。わが国でも，学生の利用者数等の統計は HP や年報で公表している大学も多い。実績報告のみにとどまらず，学生や教職員の学生相談に対する信頼性を高めることも意識した報告や広報の工夫が有効であろう。

　学生の立場からは，学生自身を学内の援助資源として積極的に位置づけて活用し，大学全体の学生支援力を高めることである。学生は自分自身の悩みや問題で他者に援助を求める立場であるとともに，他の学生から援助を求められる立場でもある。したがって身近な学内の友人が悩みや問題を抱えた際には，インフォーマルな援助者として学生相談機関につなぐ役割も担っている。学生には心理学の授業やピア・サポートの活動などを通して，心理的な問題や支援に関する基本的な知識やスキルを身に付けることで，身近な友人を直接的にサポートする役割とともに，適切に学生相談の利用を勧めることで間接的にサポートする役割も期待したい。同じ問題であっても自分自身が学生相談を利用する意図よりも友人に学生相談の利用を勧める意図のほうが高いというパーソナルサービスギャップの傾向も活用できるだろう（木村，2015）。

　最後に，学生を取り巻く関係者の立場からである。学生相談に対する利用

第Ⅲ部　援助実践の現場から──援助要請を考慮した援助方法・システムの構築

の意識は周囲から利用を勧められると高く（木村，2006），周囲からの学生相談利用の期待を強く感じている学生ほど学生相談利用の意識が高いことから（木村・水野，2008），周囲からの利用の勧めは学生相談利用を促す効果的なアプローチと考えられる。学生に学生相談の利用を勧める際には，学生相談を利用することの利益やメリットを具体的に伝えることがポイントとなる。また学生が援助要請行動のプロセスのどのステージにいるのかを把握することも，その学生を理解しサポートする上で役立つ情報となるだろう。

4．学生相談領域における援助要請研究の今後の課題

　最後に，学生相談領域における援助要請研究の今後の課題について触れたい。

　1点目は，大学教職員や保護者の援助要請研究の必要性である。大学教職員は日々の学生指導や対応の中で，心理的な問題等を抱える学生の理解や指導・対応方法について悩みを抱えている。また，大学生の不登校や引きこもりが増加していることを考えれば，大学生の保護者も悩みを抱えているだろう。したがって，教職員や保護者が学生相談機関にどのようなニーズを持ち，援助を求めるかを明らかにするとともに，気になる学生や心理的な問題を抱える学生に学生相談機関の利用を勧める際に感じる困難や葛藤についても研究が必要であろう。

　2点目は，援助要請の規定因における大学間での共通要因と独自要因の検討である。援助要請研究の知見を各大学の学生相談活動に生かしていくうえで，各大学の個別性を考慮に入れなければならない。各大学の学生相談機関の役割や名称，人員構成や提供するサービスは多様である。また大学の学部・学科によって特色・雰囲気，学生の特徴も多様であり，そういった個人レベルのみならず大学レベルでの要因が大学生の学生相談に対する援助要請に影響するだろう。したがって，大学生の学生相談に対する援助要請の規定因について，各大学に共通する要因とともに，各大学の独自の要因を明らかにすることで，各大学の学生相談実践に向けた示唆をより多く得ることができるだろう。

3点目は，障がいのある大学生の援助要請研究の必要性である。平成28年4月より「障害を理由とする差別の解消の推進に関する法律」（「障害者差別解消法」）が施行され，不当な差別的取り扱いおよび合理的配慮の不提供の禁止が法的義務（私立大学では合理的配慮の不提供の禁止は努力義務）とされた。障がいのある大学生の支援・配慮の要請，また不当な差別的取り扱い等に対する相談・苦情の申し出に関わる研究は十分になされておらず，喫緊の課題といえよう。

引用文献

独立行政法人 日本学生支援機構　2007　大学における学生相談体制の充実方策について──「総合的な学生支援」と「専門的な学生相談」の「連携・協働」.

独立行政法人 日本学生支援機構　2014　「大学等における学生支援の取組状況に関する調査（平成25年度）」集計報告（単純集計）http://www.jasso.go.jp/about/statistics/torikumi_chosa/__icsFiles/afieldfile/2015/12/08/h25torikumi_chousa.pdf（2016年 9 月12日）

Gallagher, R. P.　2014　National survey of college counseling centers 2014. International Association of Counseling Services. http://www.collegecounseling.org/wp-content/uploads/NCCCS2014_v2.pdf（2015年10月31日）

伊藤直樹　2006　学生相談機関のイメージ及び周知度と来談意志の関係. 心理学研究, **76**, 540-546.

岩田淳子・林 潤一郎・佐藤 純・奥野 光　2016　2015年度学生相談機関に関する調査報告. 学生相談研究, **36**, 209-262.

木村真人　2006　学生相談利用の勧めが被援助志向性に及ぼす影響──自尊感情，援助不安，学内支援者の観点から. *CAMPUS HEALTH*, **43**(2), 113-118.

木村真人　2014　わが国の学生相談領域における援助要請研究の動向と課題──2006年から2012年を対象として. 国際研究論叢, **27**(3), 123-142.

木村真人　2015　大学生の学生相談利用におけるパーソナル・サービス・ギャップ──抑うつ症状の場面想定法を用いた検討. 心理臨床学研究, **33**, 275-285.

木村真人・水野治久　2004　大学生の被援助志向性と心理的変数との関連について──学生相談・友達・家族に焦点をあてて. カウンセリング研究, **37**, 260-269.

木村真人・水野治久　2008　大学生の学生相談に対する被援助志向性の予測──周囲からの利用期待に着目して. カウンセリング研究, **41**, 235-244.

木村真人・梅垣佑介・水野治久　2014　学生相談機関に対する大学生の援助要請行動のプロセスとその関連要因──抑うつと自殺念慮の問題に焦点をあてて. 教育心理学研究, **62**, 173-186.

河野美江・早瀬眞知子・寺脇玲子　2013　「気になる学生」調査をきっかけとした学生支援──教員と連携した学生相談の取り組み. 学生相談研究, **34**, 23-35.

Li, W., Dorstyn, D. S., & Denson, L. A.　2014　Psychosocial correlates of college students'

第Ⅲ部　援助実践の現場から──援助要請を考慮した援助方法・システムの構築

help-seeking intention: A meta-analysis. *Professional Psychology: Research and Practice*, **45**, 163-170.

最上澄枝・金子糸子・佐藤哲康・布施晶子・市来真彦　2008　自ら助けを求めず潜在している学生に対する学内協働による取り組み——欠席過多学生対応プロジェクトを通して．学生相談研究, **28**, 214-224.

永井智　2010　大学生における援助要請意図——主要な要因間の関連から見た援助要請意図の規定因．教育心理学研究, **58**, 46-56.

中岡千幸・兒玉憲一　2009　大学生用援助要請意図尺度の作成の試み．総合保健科学：広島大学保健管理センター研究論文集, **25**, 11-17.

中岡千幸・兒玉憲一　2011　大学生の心理カウンセリングに対する援助要請不安尺度と援助要請期待尺度の作成．心理臨床学研究, **29**, 486-491.

中岡千幸・兒玉憲一・栗田智未　2012　カウンセラーのビデオ映像が学生の援助要請意識に及ぼす影響の実験的検討．学生相談研究, **32**, 219-230.

Nam, S. K., Choi, S. I., Lee, J. H., Lee, M. K., Kim, A. R., & Lee, S. M.　2013　Psychological factors in college students' attitudes toward seeking professional psychological help: A meta-analysis. *Professional Psychology: Research and Practice*, **44**, 37-45.

鬼塚淳子　2013　基礎教育センターを軸とした全学的学生支援体制構築の試み——相談員兼務教員の動きから生まれた「包摂的リンケージ支援」．学生相談研究, **33**, 286-297.

Raviv, A., Raviv, A., Vago-Gefen, I., & Fink, A. S.　2009　The personal service gap: Factors affecting adolescents' willingness to seek help. *Journal of Adolescence*, **32**, 483-499.

高野明・吉武清實・池田忠義・佐藤静香・長尾裕子　2014a　学生相談機関への来談学生の援助要請プロセスに関する研究．学生相談研究, **35**, 142-153.

高野明・吉武清實・池田忠義・佐藤静香・長尾裕子　2014b　初年次講義『学生生活概論』受講学生の援助要請態度に対する介入の試み．東北大学高等教育開発推進センター紀要, **9**, 51-57.

吉武清實　2005　改革期の大学教育における学生相談——コミュニティ・アプローチモデル　教育心理学年報, **44**, 138-146.

就職活動における援助要請

成田　絵吏　Eri Narita

⊙就職活動をめぐる問題で大学生は誰に助けを求めているか

　大学生の就職活動は，学業から職業への移行という重要な発達的課題であるが，同時にストレスフルなものでもある（松田，2014）。就職活動に関して大学生には周囲に様々な援助者が存在する。木村・水野（2004）は，大学生は学生相談より家族や友だちという身近な人物に援助を求めやすいことを指摘しており，成田・緒賀（2010）の就職活動についても大学生は学内のキャリア支援室や学生相談など専門的援助者より家族や友人に援助を求めていた。また，木村（2009）は，援助を求める相手が専門家かそうでない者かによって要請者の対人印象に違いはないが，援助を求める問題が進路に関する問題より心理的な問題である者のほうが他者から否定的に評価されやすいという点を指摘している。進路に関する問題は誰もが悩みやすい問題であり，専門家，非専門家を問わず比較的相談しやすいが，専門的援助者よりも身近な友人や家族に援助を要請する傾向があるようだ。しかし，進路の課題は，自分がどんな人間かなど自己概念に深く関連し，自分の後の人生について考えなくてはならず，大学生によっては就職活動を通じて生育歴上の問題，性に関する問題などに直面して悩む場合もあり（安福，2005），キャリア支援部門や学生相談など専門的援助者に援助を求めるのが適切な場合もある。

　就職活動に関する援助者，援助内容は幅広い。下村・木村（1997）は，就職活動に関して学生は家族から情緒的なサポート，友だちや先輩から就職活動のノウハウや企業関連情報といった情報的なサポートと情緒的サポートとを主に得ており，サポート源により異なるサポート内容を得ていることを指摘している。また，水野ら（2013）は，大学生が就職活動において書籍や就活サイトという「自助資源」をよく活用していることを報告するとともに，その役割の重要性を指摘している。このように，就職活動をめぐって援助を要請する相手により提供可能なサポートは異なり，自分が求める援助を提供可能な援助者に求めていくことは，画一的なスケジュールに則って行うことが求められる就職活動には効率的である。

⊙専門的援助者に何を求めているか

　ところで，就職活動への取り組みや不安の程度には当然個人差があり，大学生の状態に応じて求める援助は異なるだろう。坂柳（1996）は，就職活動への不安が高い者ほど大学に就職活動に関する情報やカウンセリングなどの援助をより求めて

いたと指摘している。また，森田（1999）は，進路に関する問題について大学生が学生相談に抱く期待には，具体的な情報や助言など「外的情報収集」，相談を通じての考えの整理や不安の解消という「内的変化志向」に大別でき，先の考えが明確である大学生の場合は特定の情報や助言など前者の援助を期待し，考えが曖昧で不安が高い大学生ほど後者の援助を期待していたということを指摘している。成田・森田（2012）では，自身の進路に関心を高く持って就職活動に臨んでいる学生は，進路を選択していく上で必要な情報などの援助を友人や学内の専門部門に求めやすく，将来の見通しを持って考えるのが困難な大学生は，考える材料となる情報だけでなく，困難であるゆえに感じる焦りや不安など情緒的な援助を学内の専門部門に求めていた。このように，大学生の状態により求める援助内容や援助者が異なるということは，就職活動中の大学生の援助要請について何らかの教育的介入を行う際には留意すべき重要な点であろう。国外ではキャリアカウンセラーなど専門的援助者への援助要請が検討されており（Ludwikowski et al., 2009; Di Fabio & Bernaud, 2008），ロクレンら（Rochlen et al., 1999）はキャリアカウンセリングへの態度を測定する尺度（Attitudes Toward Career Counseling Scale: ATCCS）を作成し，大学生を対象に調査を行い，「価値がある」などのポジティブな態度を示す者ほど援助要請に積極的であったことを明らかにしている。この知見は他の問題領域における専門的援助者への援助要請と同様の知見であり，国内においても就職活動に関して困難に陥っている大学生の専門的援助者への援助要請について検討することが求められる。

⊙ 適切な援助要請の必要性とその促進について

　就職活動は卒業後の就業先を選択していくプロセスであるが，自分がどう生きていくかという生き方に関するテーマをはらむ重要な課題である。進路について明確な考えを持ち，周囲の援助者に適切に援助を要請する，あるいは書籍等の資源を活用するなどして就職活動をスムーズに行っていける大学生もいれば，そうではなく心理的に負担感を高く感じているなど困難にある大学生もいる。それらの就職活動において困難な状況にある大学生が適切に援助要請を行い，学業から職業へスムーズに移行し，自分らしい人生を歩んでいけるような視点からの援助要請研究が今後ますます望まれる。

　また，本稿では大学生の就職活動に焦点を当てたが，それは大学生だけの課題ではなく，高校生，中・高年層で遭遇するものでもあり，その時の社会状況によっては大学生よりも困難に直面しやすいといえる。大学生に限らず，職業をめぐり困難を抱えている者への援助要請研究は今後重要になっていくだろう。

引用文献

Di Fabio, A. & Bernaud, J. 2008 The help-seeking in career counseling. *Journal of Vocational Behavior*, **72**, 60-66.

木村真人 2009 学生相談に対する援助要請行動および心理的問題が対人印象に及ぼす影響――援助者の違いおよび進路面の問題との比較. 東京成徳短期大学紀要, **42**, 1-6.

木村真人・水野治久 2004 大学生の被援助志向性と心理的変数との関連について――学生相談・友達・家族に焦点をあてて. カウンセリング研究, **37**, 260-269.

Ludwikowski, W. M. A., Vogel, D., & Armstrong, P. I. 2009 Attitudes toward career counseling: The role of public and self-stigma. *Journal of Counseling Psychology*, **56**, 408-416.

松田侑子 2014 4ヶ月間の就職活動による類型化と関連要因の縦断的検討――就職活動不安, Big Five, ストレスコーピングの観点から. キャリア教育研究, **33**, 11-20.

水野雅之・佐藤 純・濱口佳和 2013 就職活動中のサポート資源に関する研究の動向. 筑波大学心理学研究, **45**, 83-89.

森田美弥子 1999 大学生の進路相談事例の分類. 名古屋大学学生相談室紀要, **11**, 12-24.

成田絵吏・森田美弥子 2012 大学生における職業の選択に関する被援助志向性の研究. 名古屋大学大学院教育発達科学研究科紀要 心理発達科学, **59**, 91-100.

成田絵吏・緒賀郷志 2010 大学生における援助要請と進路選択の関連について. 岐阜大学教育学部研究報告 人文科学, **59**, 169-179.

Rochlen, A. B., Mohr, J. J., & Hargrove, B. K. 1999 Development of the Attitudes Toward Career Counseling Scale. *Journal of Counseling Psychology*, **46**, 196-206.

坂柳恒夫 1996 大学生の職業的不安に関する研究. 広島大学大学教育研究センター大学論集, **25**, 207-227.

下村英雄・木村 周 1997 大学生の就職活動ストレスとソーシャルサポートの検討. 進路指導研究, **18**, 9-16.

安福純子 2005 大学生の進路問題と心理的意味. 大阪教育大学紀要 Ⅳ 教育科学, **53**, 105-112.

第 **10** 章

自殺と援助要請

末木　新　Hajime Sueki

　本章の目的は，①自殺と援助要請行動との関連の理解を深めること，②援助要請行動の促進を意図した自殺予防活動の実践について紹介すること，の二点である。上記の目的を果たすために，本章は大きく 2 つのパートから構成されている。まず，自殺と援助要請行動の関係についてのレビューを行い，その関係を明らかにする。結論からいえば，自殺のリスクが高い者は援助要請をあまりしない可能性が高い。これを受け，後半部では自殺を予防するために考えられうる工夫について紹介する。具体的には，筆者が現在 NPO 法人 OVA とともに取り組んでいる「夜回り 2.0」という活動について紹介を行う。そして，最後に本章のまとめとして，本領域の今後の展望について記す。

● ⊙ ●
1．自殺と援助要請行動の関係

　自殺と援助要請行動はどのように関係をしているだろうか。一般的な通念として，「自殺をする者は自殺をすることを心にかたく決めているのであって，他者に相談をするようなことはない」（自殺者が援助要請行動を起こすことはない）というものがある。しかし，こうした通念は専門家により「神話」として否定されている（たとえば，高橋，1997）。専門的な言説としては，自殺者は生を望む心と死を望む心とのアンビバレンスに引き裂かれている，ということになっている。つまり，自殺をする者は自殺をすることを心にかたく決めているわけではなく，生きるか死ぬかの間で揺れているため，他者に助けを求めることもあるし，そうしない場合もある，ということである。

　こうした類の言説は，どちらにしてもあまり科学的に十分な根拠を持って

いるとは考え難い。なぜならば，自殺に至ってしまった者の自殺の直前の心理状況を正確に把握することは，専門家といえども現在の科学技術では不可能だからである。また，自殺研究の専門家は多くの場合，自殺予防活動に関わっており，自殺を防ぐことを正当化しがちだからである。自殺に至る者は自殺をかたく心に決めており，他者に相談をする可能性がないのであれば，専門家が存在する意義がなくなってしまう。つまり，自殺者の心理状況に関する論争にはバイアスが入りやすいという問題があるということである。

　自殺者が直前にどのような心理状況であったのか，援助要請行動を起こす可能性はどうだったのかという点に関しては，具体的にどのような研究をすればそれが明らかになるかを想像してみれば，問題点（つまり，そのような研究は現在のところ行いようがないこと）がより鮮明になる。自殺をしてしまった者に質問紙を記入してもらったり，面接調査を受けてもらうことは不可能であり，自殺の直前にどのような状況であったかを自己報告により把握することはできない。自殺企図をし，かろうじて生きながらえた者には調査可能であるが，それはあくまで自殺未遂者の声であり，正確には自殺既遂者と異なる。自殺者の心理状況を把握するための研究方法のひとつに，遺族に対して聞き取り調査を行う心理学的剖検という手法もあるが，これも正確には自殺により亡くなってしまった者の心理状況を復元するものではない（遺族の視点という強いバイアスが混入する）。つまり，自殺に至る者に他者に相談をする可能性が残されていたのかどうかという点について，本当のところは分からない（体内にナノマシンのようなものが常駐しており，そのマシンが心理状況に関するリアルタイムのデータを保存するような時代になれば，上記の問題は解消するだろう）。

　自殺と援助要請行動の関係の研究については上記のような限界が存在するが，それでは，そのような限界を踏まえた上で，どのようなことがいえるのであろうか。第一に，自殺者や自殺ハイリスク者（例：自殺企図歴がある）は他者に相談をしないわけではないということである。自殺既遂者が相談行動（通院を含む）を行っていたことを示す心理学的剖検調査や（廣川ら，2010; Owens et al., 2005; ライフリンク，2008），自殺ハイリスク者が相談行動を行っていることを示す調査研究（Barnes et al., 2001; De Leo et al., 2005; Ono et al., 2001; Pagura et al., 2009）が多数あるからである。第二に，自殺ハイリ

スク者はそうでない者に比べて援助要請行動を起こさない傾向が強く（Reynders et al., 2015），自殺者は実際に孤独な状況に置かれている（Van Orden et al., 2010）。そもそも援助要請行動を起こしづらい態度を有しているがために自殺のリスクが高まるのか，あるいは死にたい気持ちが強くなると援助要請行動が生じづらくなり他者と縁が切れるのかという因果関係の方向については明確ではないが，どちらの可能性も考えられるだろう（あるいは，双方向的な因果関係にある可能性もある）。

　自殺者や自殺ハイリスク者の上記のような特性は，実際の自殺予防活動における介入対象となっている。現在，効果に関するエビデンスのあるといわれる自殺対策には，自殺方法の制限，ゲートキーパー教育，適切な自殺報道の支援（メディアの適切な規制），自殺ハイリスク者への治療の提供（精神障害への治療・継続的関わり）などがあり（Mann et al., 2005; World Health Organization, 2014），これらを見ると複数の対策が援助要請行動と関わりのあるものであることが分かる。ゲートキーパー教育は，自殺ハイリスク者が多数存在するコミュニティ内で，ハイリスク者を早期発見し，適切な援助資源へとつなぐ役割を担うゲートキーパーを育成することであり，自殺ハイリスク者の低い援助要請力を補う施策である。また，自殺ハイリスク者への適切で継続的な治療も，当然，援助要請行動と関わるものである。つまり，自殺対策においては，自殺の危険に追い込まれている者の援助要請力を補い，実際に援助資源へとつなぎ，援助を（継続的に）提供することが重要だと認識されているということである。そして，現在では一般化したインターネット関連技術を自殺ハイリスク者の弱まった援助要請力を補うことに使う動きが見られるようになった。

● ⊙ ●
2．インターネット関連技術の活用

　インターネット関連技術を自殺予防に用いるための研究がスタートしたのは2010年頃であり，マッカーシー（McCarthy, 2010）の研究がその嚆矢になった。この研究は，それまでに行われていたインフルエンザの流行という公衆衛生上の問題をウェブ検索の履歴から予測しようという試みを自殺の問

題に拡張したものであり，自殺に関するグーグルでの検索量とアメリカにおける自殺率の関連を検討したものであった。インフルエンザに罹患した場合，その症状の具体例や対処法についてウェブ検索をすることが予想されるが，自殺の場合も死にたくなった時に効果的でより苦しみの少ない自殺方法等に関するウェブ検索が行われる（そして，実際に死に至る）であろうという推測がこの研究の背景には存在する。そして，インフルエンザや自殺に限らず，公衆衛生上の問題をウェブ検索履歴から予測する類の研究は，先進国においてインターネット利用が一般に普及した2000年代以降に一気に増加し，現在では情報疫学（infodemiology）という領域として認知されている。

　上記の研究を皮きりに，自殺と自殺関連語との地理的・時系列的関連は多数の研究において認められることとなった（Bragazzi, 2014; Gunn & Lester, 2013; Hagihara et al., 2012; Sueki, 2011; Yang et al., 2011）。自殺関連語の検索量が多くなると自殺率も高まり，自殺関連語の検索量が多い地域は自殺率が高いという関係が観察された。また，過去の自殺関連行動の有無と自殺企図の有無に関連があること（Sueki, 2012），自殺関連のインターネット利用（自殺方法の検索を含む）をしたことがあるものはそうではない者に比べて自殺の計画を有している割合が有意に高いこと（Sueki et al., 2014），実際に自殺をした者の中にその方法をインターネットで調べた者がいること（Gunnell et al., 2012）などが報告された。これらの2010年代に行われた一連の研究により，自殺に関するウェブ検索を行う者は確かに自殺のリスクを抱えた者であり，実際に自殺の計画・企図をし，既遂自殺に至る可能性があることが認識されるようになっていった。

　死にたい気持ちが高まると自殺に関するウェブ検索をするインターネット利用者の傾向は，自殺予防に活用されるようになっていった。具体的には，自殺に関するウェブ検索を行うと，自殺予防を目的とした相談を受け付ける旨のリンク・広告が検索結果の目立つ部分に表示されるようになるといった仕組みを代表的な検索エンジンが実装することが行われた。Yahoo! JAPANは企業の社会的責任の一貫として2000年代から自殺予防総合対策センターの協力のもと上記のようなサービスを展開した（図10-1 参照）。2015年にはGoogle Japan においても類似のサービスが展開され，日本国内の主要ウェブ検索エンジンでは自殺関連語（たとえば，「死にたい」「自殺方法」）を検索

ウェブ　画像　動画　辞書　知恵袋　地図　リアルタイム　一覧 ▾

死にたい　　　　　　　　　　　　　　　　　　　　✕　　🔍 検索

約3,150,000件
検索ツール ▾

あなたの気持ちを話してください

ためらわずに、助けを求めることが、何よりも大切です。
自殺予防総合対策センター

図10-1　Yahoo! JAPAN の検索エンジンにおける「死にたい」の検索結果
（2016年6月24日にアクセス。同年7月5日より表示を変更）

すると，相談窓口に関する情報を紹介するバナーが表示されるようになった。

　このような仕組みをさらに一歩進めた活動が，現在筆者も関わっている「夜回り2.0／オンライン・ゲートキーパー」である。この活動は，自殺関連語の検索をし，検索連動型広告をクリックした者が専門家による援助を受けることを促すための無料のメール相談を行い，一定のアセスメントを行った上で適切な相談窓口へと誘導するサービスである。無料のメール相談は臨床心理士や精神保健福祉士等の有資格者が受け，原則として24時間以内のメールの返信を行っている。自殺の危機に瀕した者はすでに見たように援助要請をする傾向が低くなっているため，広告を提示するだけでは精神科や生活保護窓口等への相談をためらいがちである。そこで，援助要請行動に関する不安（コスト）を下げ，通常であれば相談に行かなかったであろう人々の援助要請行動を促すことがこの試みの目的である。

　2013年後半の夜回り2.0の活動では約150人からのメール相談を受けた（Sueki & Ito, 2015）。相談者の中心は20代の若者であり，約7割に自殺念慮が確認され，少なくとも1割に過去の自殺企図歴が認められた。メール相談の結果，相談者の10.8%に肯定的な気分の変化（自殺企図の延期等を含む）が見られ，10.1%の者が実際にこれまでに相談をしていない相手に援助要請行動を起こしたことが確認された。残念ながら，こうしたサービスの援助要請行動の誘発効果は厳密なデザインの元で研究されておらず，自殺予防効果があるかどうかは不明である。しかし，ゲートキーパー活動そのものに自殺予防

に関する準実験レベルのエビデンスがあることを考慮すれば（Knox et al., 2003; Rutz et al., 1992），有望な試みであると評価することはできるだろう。

● ◉ ●

３．まとめと今後の展望──「援助」に関する倫理的問題

インターネット関連技術の発展は今後ますます自殺やその他の心理・行動的問題への予防的介入に用いられることになっていくだろう。特に，ソーシャル・ネットワーキング・サービス（以下，SNS）内に蓄積された無数の個人情報を活用することは，問題を予防するという一点において，非常に有効だと考えられる。実際に，検索エンジン利用ではなく，ツイッター等のSNS の利用状況から自殺の危険性を判断するための研究が多数行われており（Jashinsky et al., 2014; Sueki, 2015），SNS のデータから心理・行動的問題を予測できる可能性が示されている。こうしたサービスの展開は，自殺の問題以外にも広く適用されるようになっていくだろう。しかし，ウェブ上に残される個人情報を活用した予防的介入サービスの展開には問題が生じる場合もある。

2014年10月にイギリスのサマリタンズ（日本における「いのちの電話」の源流）はツイッターのデータを活用した自殺予防サービスであるサマリタンズ・レーダー（Samaritans Radar）の提供を開始した。このサービスは，ツイッターアカウントをサマリタンズ・レーダーに利用登録すると，当該アカウントがフォローしているツイッター利用者のつぶやき内容をレーダーが分析し，自殺の危険性があると判断されるようなつぶやきをしている者が利用者のフォローしている者の中にいた場合に，その利用者に通知がいくというシステムである。このサービスは，開始当初から猛烈な批判を浴び，同年11月にはサービスが一時停止され，翌年３月には当該サービスを再開することは二度とない旨がサマリタンズから発せられるに至った。

この騒動において表向きの問題となった点は個人情報の保護に関する法律上の問題である。しかし，反対運動が盛り上がった背景には，インターネット関連技術が全体主義的な監視に使われたことや，当該サービスが自己決定の自由を侵犯していること（ツイッターにおいて利用者がフォロワーを選ぶ

ことができない問題や自殺という死の自己決定の問題への介入）への嫌悪感
があると推察される。自殺を予防する際に援助要請行動を促進したり，援助
を求める人と援助を提供する人のマッチングを正確に行うことは有効な手段
であるが，それが行き過ぎて人々が自由の侵害を感じた際には，そのサービ
スは機能不全に陥ることになるということである。死の自己決定は自殺（や
安楽死）に固有の問題であるが，その他の点は援助要請行動全般，本書で扱
われている問題すべてに関わる問題である。つまり，援助要請行動や援助要
請態度への介入による心理・行動的問題への予防的介入は，自由の侵犯やパ
ターナリズム（の行き過ぎ）の問題と紙一重のところにあるということであ
る。

　そのため援助要請行動・態度への予防的介入サービスが展開された際には，
その正当性に関する適切な理論的展開が必要になるであろう。それは，いわ
ゆる「心理学」の領域を超える問題であるが，心理学者が社会的問題への介
入を目的とした行動を起こす際に必要となるものである。たとえば，本章の
主要なテーマである自殺の問題を取り上げるのであれば，自殺の発生は多大
な心理的・経済的問題を周囲の残された者に引き起こすため（末木，2010;
2015; Sueki, 2016），個人の自由な意思決定の尊重に関する問題の範囲からは
やや外れた領域にある（それゆえに，一定のパターナリズム／おせっかいが
許される）といった具合である。そして，こうした準備は，社会的に大きな
影響や強い効果を持つサービスほど必要になってくる。困っていても助けを
求められない人への援助の提供には，心理学と他の領域との協働が重要にな
ると考えられる。

引用文献

Barnes, L. S., Ikeda, R. M., & Kresnow, M.　2001　Help-seeking behavior prior to nearly le-
　　thal suicide attempts. *Suicide and Life-Threatening Behavior*, **32**, 68-75.

Bragazzi, N. L.　2014　A Google Trends-based approach for monitoring NSSI. *Psychology Re-
　　search and Behavior Management*, **7**, 1-8.

De Leo, D., Cerin, E., Spathonis, K., & Burgis, S.　2005　Lifetime risk of suicide ideation and
　　attempts in an Australian community: Prevalence, suicidal process, and help-seeking behav-
　　iour. *Journal of Affective Disorders*, **86**, 215-224.

Gunn Ⅲ, J. F. & Lester, D.　2013　Using google searches on the internet to monitor suicidal
　　behavior. *Journal of Affective Disorders*, **148**, 411-412.

Gunnell, D., Bennewith, O., Kapur, N., Simkin, S., Cooper, J., & Hawton, K. 2012 The use of the Internet by people who die by suicide in England: A cross sectional study. *Journal of Affective Disorders*, **141**, 480-483.

Hagihara, A., Miyazaki, S., & Abe, T. 2012 Internet suicide searches and the incidence of suicide in young people in Japan. *European Archives of Psychiatry and Clinical Neuroscience*, **262**, 39-46.

廣川聖子・松本俊彦・勝又陽太郎・木谷雅彦・赤澤正人・高橋祥友・川上憲人・渡邉直樹・平山正実・竹島 正 2010 死亡前に精神科治療を受けていた自殺既遂者の心理社会的特徴——心理学的剖検による調査. 日本社会精神医学会雑誌, **18**, 341-351.

Jashinsky, J., Burton, S. H., Hanson, C. L., West, J., Giraud-Carrier, C., Barnes, M. D., & Argyle, T. 2014 Tracking suicide risk factors through Twitter in the US. *Crisis*, **35**, 51-59.

Knox, K. L., Litts, D. A., Talcott, G. W., Feig, J. C., & Caine, E. D. 2003 Risk of suicide and related adverse outcomes after exposure to a suicide prevention programme in the US Air Force: Cohort study. *British Medical Journal*, **327**, 1376.

ライフリンク 2008 自殺実態白書2008第2版. 特定非営利活動法人 自殺対策支援センターライフリンク. http://www.lifelink.or.jp/hp/Library/whitepaper2_1.pdf （2010年4月12日）

Mann, J. J., Apter, A., Bertolote, J., Beautrais, A., Currier, D., Haas, A., ...Hendin, H. 2005 Suicide prevention strategies: A systematic review. *Journal of the American Medical Association*, **294**, 2064-2074.

McCarthy, M. J. 2010 Internet monitoring of suicide risk in the population. *Journal of Affective Disorders*, **122**, 277-279.

Ono, Y., Tanaka, E., Oyama, H., Toyokawa, K., Koizumi, T., Shinohe, K., ...Yoshimura, K. 2001 Epidemiology of suicidal ideation and help-seeking behaviors among the elderly in Japan. *Psychiatry and Clinical Neurosciences*, **55**, 605-610.

Owens, C., Lambert, H., & Lloyd, K. R. 2005 A qualitative study of help seeking and primary care consultation prior to suicide. *British Journal of General Practice*, **55**, 503-509.

Pagura, J., Fotti, S., Katz, L. Y., & Sareen, J. 2009 Help seeking and perceived need for mental health care among individuals in Canada with suicidal behaviors. *Psychiatric Services*, **60**, 943-949.

Reynders, A., Kerkhof, A. J., Molenberghs, G., & Van Audenhove, C. 2015 Help-seeking, stigma and attitudes of people with and without a suicidal past. A comparison between a low and a high suicide rate country. *Journal of Affective Disorders*, **178**, 5-11.

Rutz, W., Knorring, L. V., & Wålinder, J. 1992 Long-term effects of an educational program for general practitioners given by the Swedish Committee for the Prevention and Treatment of Depression. *Acta Psychiatrica Scandinavica*, **85**, 83-88.

末木 新 2010 自死遺族の悲嘆に関する研究の概観と展望. 臨床心理学, **10**, 873-884.

Sueki, H. 2011 Does the volume of Internet searches using suicide-related search terms influence the suicide death rate? Data from 2004 to 2009 in Japan. *Psychiatry and Clinical Neu-*

roscienes, **65**, 392-394.

Sueki, H.　2012　Association between deliberate self-harm-related Internet searches and the mental states and lifetime suicidal behaviors of Japanese young adults. *Psychiatry and Clinical Neurosciences*, **66**, 451-453.

末木　新　2015　仮想評価法を用いた自殺対策への支払意思額の推定――大学生への横断的質問紙調査. こころの健康, **30**, 42-53.

Sueki, H.　2015　The association of suicide-related Twitter use with suicidal behaviour: A cross-sectional study of young internet users in Japan. *Journal of affective disorders*, **170**, 155-160.

Sueki, H.　2016　Willingness to pay for suicide prevention in Japan. *Death Studies*, **40**, 283-289.

Sueki, H., & Ito, J.　2015　Suicide prevention through online gatekeeping using search advertising techniques. *Crisis*, **36**, 267-273.

Sueki, H., Yonemoto, N., Takeshima, T., & Inagaki, M.　2014　The impact of suicidality-related internet use: A prospective large cohort study with young and middle-aged internet users. *PloS One*, **9**, e94841.

高橋祥友　1997　自殺の心理学. 講談社.

Van Orden, K. A., Witte, T. K., Cukrowicz, K. C., Braithwaite, S. R., Selby, E. A., & Joiner Jr., T. E.　2010　The interpersonal theory of suicide. *Psychological Review*, **117**, 575-600.

World Health Organization　2014　Suicide prevention（SUPRE）. Available: http://www.who.int/mental_health/prevention/suicide/suicideprevent/en/2013.（2013年 6 月17日）

Yang, A. C., Tsai, S. J., Huang, N. E., & Peng, C. K.　2011　Association of Internet search trends with suicide death in Taipei City, Taiwan, 2004-2009. *Journal of Affective Disorders*, **132**, 179-184.

第 **11** 章

HIV/AIDS 予防と援助要請

飯田 敏晴　Toshiharu Iida

1．HIV/AIDS 予防と援助要請

　厚生労働省エイズ動向委員会は，2014（平成26）年度の新規 HIV 感染報告数は1,091件（過去 3 位），新規 AIDS 患者報告数は455件（過去 4 位）であり，合計1,546件（過去 3 位）と報告している。全件数のおよそ 3 割が，HIV 感染に気づかないまま放置し AIDS を発症してから受診するという現状にある（厚生労働省エイズ動向委員会，2014）。同委員会委員長は「早期発見は個人においては早期治療，社会においては感染の拡大防止に結びつくので，感染予防に努めるとともに，保健所等における無料匿名の HIV 抗体検査・相談の機会を積極的に利用していただきたい」とコメントしている。今まさに国が総力を挙げて，HIV/AIDS の「予防」に取り組む時代である。一方で，一般市民に対して，特に，HIV 感染の可能性を疑いながらも（あるいは感染のリスクが高い行動をとったにもかかわらず），専門家による支援や医療サービスを求めない層に対して，保健・医療サービスをどのように届けるか，という視点からの研究は非常に少ない。本章では，⑴ HIV/AIDS 予防をテーマとした援助要請研究を概観し，⑵支援（治療）に至らない背景について示し，⑶当事者の意識態度に応じた相談・検査体制の整備に向けた実践例を紹介しながら，⑷今後の研究の課題と方向性について論じたい。

第Ⅲ部　援助実践の現場から──援助要請を考慮した援助方法・システムの構築

●◎●
２．HIV/AIDS 予防をテーマとした援助要請研究のレビュー

(1)　相談現場の実際

　飯田（2015a）は，国内 A 県内全域における保健所でのエイズ相談・検査利用者を対象として調査を行い，エイズ相談・検査を利用する主な理由についての探索的研究を行っている。2014年 9 月から12月の期間にかけての全利用者に対して質問紙調査を依頼し，郵送を用いて返答があった47名の相談理由の記載を求めて得られた回答文に対して質的分析を用いて解析したところ，7 つのカテゴリーに分類された。第一に「一般的知識」である。各種メディアや講演会を得て利用に至った，という意味内容である。第二に「感染可能性のある行動」である。"生で性行為""オーラルセックスをした"（" "内は回答者の原文ママ，以下同）という様々な行動の結果，利用に至った，というものである。第三に「感染不安」である。感染可能性のある行動の有無にかかわらず，何らかの理由によって感染を疑い利用に至った，というものである。第四に「情報を得たい」である。上述した「感染不安」のように，漠然と HIV 感染を疑い利用したのではなく，明確に，治療情報や感染の有無を知りたいと思い利用に至ったものである。第五に「体調不良」である。"性病にかかり"あるいは"体調不良が続いた"ことから利用に至った，というものである。第六に「見知らぬ他者」である。"海外在住者""風俗""強姦"のように，普段からの付き合いが乏しい他者，あるいは見知らぬ他者との性的接触を契機として，利用に至ったものである。第七に「不安に基づかない動機」である。具体的には"結婚"や"無料"を理由として利用に至った，という回答である。こうした理由は，それぞれ独立したものではなく複数に該当することも多いが，エイズ相談・検査場面における主訴の多様性を表しているといえよう。

　一方で，日本においては，エイズ相談・検査を利用した経験のある者は少ない。金子ら（2012）は，日本人成人の男性における生涯での HIV 抗体検査受検率を調査し，10.5% と報告している。金子らは，この結果について，海外の報告（27.6%〜41.3%）と比べて低いことを問題視している。受検率の低さは，HIV 感染に気づかないまま放置するリスクを高めることにつなが

る。実際に，橋本・川戸（2008）の推計によれば，本邦における HIV 陽性者の捕捉率（すなわち，HIV に感染している人がどのくらいの人数で存在し，HIV 検査の受検［エイズ相談・検査の利用］によってどの程度把握されているか，という推計）は13% である。

以上のことから，潜在的な利用者の多様な援助ニーズに応じたエイズ相談・検査体制を整備し，その受検率および HIV 陽性者の捕捉率を向上していくことは，喫緊の課題といえる（飯田・佐柳，2014）。

⑵　HIV/AIDS 予防としての援助要請研究のレビュー

HIV/AIDS 予防としての援助要請・被援助志向性に関わる研究は，著者が知るかぎり，ヘイラ（Hays et al., 1990）の報告が先駆けである。ヘイラらは，米国サンフランシスコ州におけるゲイ男性530名を対象として，縦断的な調査を行っている。

その結果，AIDS 発症者30名，HIV 陽性者107名の多くがエイズに関する不安を強く示しており，その対処行動として，専門家や家族，仲間（peer）といった相手に援助を求めていた。その一方で，HIV 陰性者あるいは HIV 感染の有無が明らかでない者は，エイズに関する不安を強く覚えていたとしても，専門家や家族ではなく，仲間に援助を求めることが多かった。なぜ，このような違いが生じたのであろうか。HIV 陽性者にとっては，医療機関に通院することが多く，結果として専門家に相談することが多いとしても，それだけでは説明がつかない。この理由として，HIV/AIDS 関連のスティグマ（HIV/AIDS related stigma）の関与が考えられる。ババロア（Babaloa, 2007）は，人々が所属する集団内において，HIV 感染症や AIDS が正当化できない否定的なものとして扱われていることを知るほど，エイズ相談・検査の利用意志が弱まる，すなわち援助を求めないことを見出した。さらに，ヘイラ（Hays et al., 1990）の調査が行われた当時，ゲイ男性の多くがセクシュアリティを理由とした偏見や差別を経験し，それがストレッサーとなって精神的健康を損なうことが多かった（Meyer, 1995）。すなわち，ゲイ男性の多くが，周囲からの汚名付け（stigmatization）を恐れ，社会との接触を回避した結果，同じセクシュアリティを有する仲間にのみ相談を求めようとすることは想像に難くない 。このことは，HIV/AIDS に限らず，他の問題におい

ても同様に認められる。コリガン（Corrigan, 2004）は，精神疾患に関するパ
ブリックスティグマ（public stigma）とセルフスティグマ（self stigma）が，
専門家への援助要請における抑制因となることを示した。専門家に援助を求
める，という行動の意味合いが否定的であればあるほど抑制因となりうるの
である。

　エイズ相談・検査利用の規定要因としては，スティグマ以外にも多くの変
数が関与している。このことについて，援助要請の先行研究における分類
（水野・石隈，1999）を参考に紹介する。

　第一にデモグラフィック要因である。ここでは，教育年数（Gala et al.,
1992），エイズ教育経験（Yi et al., 2015），年齢や居住場所（Marcus et al.,
2015）が挙げられる。ガラら（Gala et al., 1992）は，HIV陽性者を対象とし
た調査を行い，医療機関の利用に至った要因のひとつとして，教育レベルが
高いことをあげている。さらに，マーカスら（Marcus et al., 2015）は，MSM
（Men who have Sex with Men）を対象とした調査を行い，HIV抗体検査の受
検率の規定因として，年齢が若いことや，大都市に住んでいないことを挙げ
ている。

　第二にネットワーク要因である。セクシュアリティや性生活について話す
相手が少ないこと（Godin et al., 2000; Marcus et al., 2015），パートナーの不存
在（Gala et al., 1992）の関与が指摘されている。

　第三に認知的要因である。前述のようにエイズ相談・検査等を利用するこ
とによって，自身にスティグマが付与されるのではないか，というスティグ
マ認知（Perceived stigma）（Pearson & Makadzange, 2008; Hosseinzadeh et al.,
2012），HIV感染の重篤性の認知（Godin et al., 2000），HIV感染の罹患性認
知（Yi et al., 2015），性規範意識（Pearson & Makadzange, 2008）等である。こ
こでは，エイズ相談・検査の利用行動に注目し，その行動変容を促すための
認知的要素の解明をすることで，人々に対してどのようなアプローチをして
いけば介入効果が得やすいかについて検討されている（たとえば，飯田，
2013）。

　第四に行動的要因である。薬物等の物質乱用の既往（Gala et al., 1992），性
行為時のコンドームの不使用（Godin et al., 2000），性経験（Marcus et al.,
2015）などの関与が指摘されている。

第五に悩みの深刻さや身体症状の存在等の要因である。たとえば，ガラら（Gala et al., 1992）は，HIV陽性者271名を対象として，情緒的問題における援助要請行動の予測因の検討を行った。援助要請をした群としていない群とを比較したところ，精神疾患が存在することで援助要請につながりやすいこと，「重篤な身体疾患に罹患している」と信じることが援助要請につながりづらいことを示している。この精神症状とエイズ相談・検査利用の関連は，その後の研究においても多くの報告があるが（Hays et al., 1990; Godin et al., 2000），日本では，HIV感染に対して過度な恐怖を抱いて，HIV陰性であるにもかかわらず，複数回受検するといったことがその例として挙げられよう（いわゆる"エイズノイローゼ"）。また，身体疾患については，身体疾患のうち性感染症に罹患していることで，エイズ相談・検査利用に結びつきやすい，という報告がある（Yi et al., 2015）。

　海外においては多くの調査研究がある一方で，わが国においては，HIV抗体検査の結果の受取率，保健所での抗体検査における受検者ニーズ背景を調査しているものが大半であり，陽性者の検査行動遅れや受診行動遅れに関する研究は数少ない（福山ら，2013）。また，その利用の規定要因を体系的に検討し，モデル化に至った研究報告は見当たらない。

● ⊙ ●

3．支援（治療）に至らない背景について

　これまで述べてきたように，HIV感染を疑いつつ不安を覚えながらも，専門家による支援（あるいは治療）を求めない者，あるいは一貫して，それを求めない者は，一定数存在すると考えられる。この背景には様々な要因の関与が考えられるが，エイズ相談・検査を利用することのメリットを低く見積もり，デメリットを高く見積もっている可能性が考えられる。飯田（2015b）は，成人男女600名を対象として，エイズ相談・検査の利用経験の有無によって，エイズ相談を利用することのメリット（利益性認知）やデメリット（障がい性認知）の見積もる内容が意味的に異なるかどうかを検証している。その結果，エイズ相談利用者は，未利用者と比べて，「正しい知識」を得ることをメリットとして多く捉えていた。さらに，飯田（2015a）は，

未利用者は，利用者よりも，エイズ相談・検査は自己開示を強いられる場所として強く認知している可能性を示した。仮説段階ではあるが興味深い結果といえよう。さらに，全国の医療機関における調査（内野，2009）では，HIV陽性者のうちカウンセリング未利用者（N＝96）の利用しない理由として，「カウンセリングで何をするのかよく分からない」（36.5%），「カウンセリングに効果があるのか疑問」（28.1%）が主な回答であったことは留意すべきであろう。

● ⊙ ●
4．実践活動の紹介

　これまで保健所等でのエイズ相談・検査に援助を求めることを中心に論じたが，本節では，「HIV陽性者」の事例を紹介する。理由は，「HIV陽性者」の事例を通して，エイズ相談・検査から援助・治療までの一連のプロセスを検討して，その知見から利用者の意識・態度に応じた「エイズ相談・検査体制」について考察を深めるためである。

　なお，以下の事例は，本人の同意を得たものであること，さらに，人が特定されないよう情報は若干改変をしていることを付記する（詳細は，拙著を参照されたい［飯田ら，2015]）。

　事例提示：海外出身の中年男性。数年前に医療機関でHIV抗体検査を受検し，HIV陽性が判明，その告知を受けた。しかし，医療機関を継続して受診することはなかった。その後，男性（以下，Cl.）は，希死念慮が生じ，精神科病院に通院するようになった。ある日，処方薬を過量内服し，誤嚥性肺炎を発症。筆者の勤務する医療機関に転院となった。抗HIV薬による投薬治療が開始された。数カ月後，本人は精神科医師に，抗HIV薬を捨て，飲んでいないことを語った。精神科担当医は，当時，感染症科専属の心理職として勤務していた筆者に面談を依頼，実施することとなった。以降，約1年間，筆者とCl.と心理面接の場で話した。Cl.は，面接内で，HIV感染判明から現在に至る心境を語った。そして，援助資源として，パートナー以外に相談できる相手がおらず，来日後，信仰する宗教の教会がどこにあるかわからないこ

とを語った。

　ここで記載した情報は限定しているが，この事例と筆者の対応をめぐって援助要請研究の視点から若干の考察を加えたい。まず，ワンとキム（Wang & Kim, 2010）は，専門家への援助要請態度は，その者が所属する国や文化によって異なり，専門家がそれを適切に扱えていなければ，経過に否定的な影響を与える可能性を実証的に示した。本事例においても，Cl. の文脈からして，「HIV に感染する」ことの意味，あるいは専門家に「援助を求める」ことの意味に沿った対応は，初期の HIV 陽性告知時に適切に行われていたとはいいがたい。Cl. にとって，HIV 感染は自らに生じたものとして容認しがたく，また，家族から離れたばかりか，母国では通常である宗教的コミュニティに属することもなく過ごしていた。このような観点から，筆者は，Cl. の文脈に応じた「語り」を聴取しつつ，援助資源を紹介し，その活用を促した。その後，服薬および精神科的な症状は安定した経過をたどっていった。

　このように人間が「病い」と共に生きていくなかで出現する様々な悩みに対して，医療機関の内外で「相談しやすい」環境が整備されることは重要である。水野ら（2009）がスクールカウンセラーに対する被援助志向性について社会心理学における接触仮説の観点から，接触頻度を高めることの重要性を実証的に示したように，カウンセラーと直接的にあるいは間接的な接触頻度が増すことは「援助の肯定的な側面」を知る機会となりうる。筆者が所属していた科においては，従前，HIV 陽性者がカウンセリングの利用を希望した場合，予約を取得したうえでのサービスを提供していたが，紹介したような事例等を踏まえて，受診前後でのカウンセラーの紹介，あるいは精神保健相談を受ける機会等を設け，カウンセラーとの接触頻度を高める工夫をしていったところ，相談件数は約 3 倍に増加した。さらに，従前から行っていた予約でのカウンセリング利用者も増加したのである。

　このように利用者の意識・態度に応じ，さらに専門家との接触頻度を高めるような取り組みは，エイズ相談・検査体制整備を考えていく上で重要と考えられる。たとえば，すでに紹介した保健所利用者と未利用者との比較結果からも示唆されるように，エイズ相談・検査は「つらいことや人に話したく

ないことを話す」等の自己開示を強いる場所ではないことの周知は必要である。さらには，エイズ相談・検査利用の利点を知らせることもあろう。たとえば，専門家との「接触頻度」を高め援助の肯定的側面を知るという意味では，利用者が専門家と接した「利用者の声」等を紹介することにより，エイズ相談・検査利用の肯定的側面を知り利用に結びつきやすくなるとも考えられる。実際に，アパノヴィッチら（Apanovitch et al., 2003）は，コミュニティ規模での実験的介入において，エイズ相談・検査を利用することでの「よい結果」を強調するメッセージが，そうではない条件を示すよりも，利用に肯定的な影響を与えていたことを示している。こうした援助要請研究における知見に基づいた取り組みをしていくことも重要と考えられる。

● ⊙ ●
5．HIV/AIDS予防と援助要請研究の今後の課題

　本章では，HIV/AIDS予防という命題に対して，援助要請研究の知見に基づいたエイズ相談・検査利用促進という観点から論じた。紙面の関係上，HIV陽性者を対象とした研究については一部の実践事例に留めた。しかしながら，心理学の観点からエイズ相談・検査の規定要因を解明し，「相談しやすい」体制を考えていくことは，結果的には，陽性者にとっても相談しやすい体制をつくりあげていくことにつながりうる。一方，このような体制整備の根幹となる研究知見はいまだに乏しい。また，研究の多くは，専門職の経験則や，質的研究としての仮説生成の段階の報告が多い。量的な観点の視座に立ついくつかの報告においても，モデル化に至っておらず検討課題も多く存在する。このような現状に対して，行動を科学する学問である「心理学」が取り組むべき課題は山積している。なぜならば，本邦において，HIV/AIDSは「予防できる」にもかかわらず，新規報告が増え続けているからである。

引用文献
Apanovitch, A. M., McCarthy, D., & Salovey, P.　2003　Using messages to motivate HIV testing among low-income, ethnic minority women. *Health Psychology*, **22**, 60-67.

Babaloa, S.　2007　Readiness for HIV testing among young people in Northern Nigeria: The roles of social norm and perceived stigma. *AIDS Behavior*, **11**, 759–768.

Corrigan, P. W.　2004　How stigma interferes with mental health care. *American Psychologist*, **59**, 614–625.

福山由美・市川誠一・大林由美子・杉浦　互・横幕能行　2013　愛知県におけるエイズ診療拠点病院初診患者の受診遅れと検査遅れに関連する要因．日本エイズ学会誌，**15**, 119–127.

Gala, C., Pergami, A., Catalan, J., Riccio, M., Durbano, F., Zanello, D., …Invernizzi, G.　1992　Factors associated with psychological help-seeking in HIV-disease. *Journal of Psychosomatic Research*, **36**, 667–676.

Godin, G., Naccache, H., & Pelletier, R.　2000　Seeking medical advice if HIV symptoms are suspected. Qualitative study of beliefs among HIV-negative gay men. *Canadian Family physician*, **46**, 861–868.

橋本修二・川戸美由紀　2008　エイズ発生動向調査の報告・未報告 HIV 感染者数と AIDS 患者における近未来予測の試み．日本エイズ学会誌，**11**, 152–157.

Hays, R. B., Catania, J. A., McKusick, L., & Coates, T. J.　1990　Help-seeking for AIDS-related concerns: A comparison of gay men with various HIV diagnosed. *American Journal of Community Psychology*, **18**, 743–755.

Hosseinzadeh, H., Hossain, S. Z., & Bazargan-Hejazi, S.　2012　Perceived stigma and social risk of HIV testing and disclosure among Iranian-Australians living in the Sydney metropolitan area. *Sex Health*, **9**, 171–177.

飯田敏晴　2013　エイズ相談促進の為の健康信念モデルに基づいた検討．2012年度明治学院大学大学院 博士学位論文.

飯田敏晴　2015a　エイズ相談・検査利用の「利益性」「障がい性」認知概念化の試み．山梨英和大学紀要，**13**, 63–77.

飯田敏晴　2015b　エイズ相談利用の利益性・障害性認知に関する研究——エイズ検査の受検経験による違い．日本心理学会第79回大会発表論文集，213.

飯田敏晴・井上孝代・貫井祐子・高橋卓巳・今井公文・伊藤　紅・山田由紀・青木孝弘・岡　慎一　2015　HIV 感染の治療過程で自殺企図を繰り返した在日外国人——チーム医療における多文化間カウンセラーの役割をめぐって．こころと文化，**14**, 147–158.

飯田敏晴・佐柳信男　2014　エイズ相談・検査利用の利益性と障害性の認知に関する質的分析——自由記述式調査による探索的検討．山梨英和大学紀要，**13**, 45–62.

金子典代・塩野徳史・コーナ ジェーン・新々江章友・市川誠一　2012　日本人成人男性における生涯での HIV 検査受検経験と関連要因．日本エイズ学会誌，**14**, 99–105.

厚生労働省エイズ動向委員会　2014　平成25（2013）年エイズ発生動向年報．http://api-net.jfap.or.jp/status/2013/13nenpo/nenpo_menu.htm（2014年10月27日）

Marcus, U., Gassowski, M., Kruspe, M., & Drewes, J.　2015　Recency and frequency of HIV testing among men who have sex with men in Germany and socio-demographic factors associated with testing behaviour. *BMC Public Health*, **15**, 727. doi: 10.1186/s12889-015-1945-

5.

Meyer, I. H.　1995　Minority stress and mental health in gay men. *Journal of Health and Social Behavior*, **36**, 38-56.

水野治久・石隈利紀　1999　被援助志向性，被援助行動に関する研究の動向．教育心理学研究, **47**, 530-539.

水野治久・山口豊一・石隈利紀　2009　中学生のスクールカウンセラーに対する被援助志向性――接触仮説に焦点を当てて．コミュニティ心理学研究, **12**, 170-180.

Pearson, S. & Makadzange, P.　2008　Help-seeking behaviour for sexual-health concerns: A qualitative study of men in Zimbabwe. *Culture, Health & Sexuality*, **10**, 361-376.

内野悌司　2009　HIV感染者・患者のカウンセリングニーズおよび利用経験に関する研究．平成21年度厚生労働科学研究費補助金エイズ対策事業　中核拠点病院において行われるカウンセリングの質を向上させる研究［代表：山中京子］平成21年度総括・分担研究報告書, 41-83.

Yi, S., Tuot, S., Chhoun, P., Brody, C, Pal, K., & Oum, S.　2015　Factors associated with recent HIV testing among high-risk men who have sex with men: A cross-sectional study in Cambodia. *BMC Public Health*, **15**. doi: 10.1186/s12889-015-2096-4

Wang, S. & Kim, B. S.　2010　Therapist multicultural competence, Asian American participants' cultural values, and counseling process. *Journal of Counseling Psychology*, **50**, 394-401.

文化的多様性に配慮した援助

大西 晶子　Akiko Ohnishi

⊙ 援助要請に関する文化的要因の影響

　人に助けを求めたり悩みを開示したりする行為は，本書で見てきたように様々な要因に影響を受けるが，そのひとつとして文化的要因の影響も無視できない。

　家族や知人が相談相手として好まれる傾向は，文化を越えてみられるが，専門的援助機関の利用率や利用に対する態度には，文化差があることが報告されている。たとえば，ヨーロッパ系・中国系の米国人と，香港・大陸出身の中国人の4つの集団の，専門的援助資源の利用経験と利用意図を検討したチェンとマク（Chen & Mak, 2008）の研究によると，西欧的な価値に馴染んだ集団（ヨーロッパ系，中国系の米国人）のほうが，専門家に援助を求める傾向を強く示した。専門的援助に対する態度に影響を及ぼす文化的要因としては，精神的病の原因に関する信念や社会的スティグマの強さ，文化的多数派により提供される支援に対する信頼感などが挙げられている。

　専門家への相談のみならず，悩みや感情を言語化して伝えるという行為や，問題解決のために他者に援助を求めるという，相談を成り立たせる行為もまた，文化的価値の影響が及ぶものである。たとえば，テイラーら（Tayler et al., 2004）は，韓国人，アジア系の米国人，ヨーロッパ系の米国人を対象に比較研究を実施し，アジア系の人々のほうがソーシャルサポートを利用しないことを示している。他者との結びつきの中で自己を捉えるアジア人のほうが，ソーシャルサポートをより利用するであろうという一般的予測に反するこの結果に対して，テイラーらは，ストレス下にある個人が，その状況の解決のために他人から援助を獲得するという考え方自体が西欧文化的であり，集団内の融和が優先されるアジア的社会規範にそぐわないと説明している。一言ら（2008）による心理的負債に関する日米比較研究においても，米国出身者は相談によって自身が得た利益に対して，日本人は相談に伴い相手が被った負担に対して，心理的負債を感じる傾向が示されている。

⊙ 文化的に適切なサービス

　上記のような結果から，文化的背景が異なる人に対する援助においては，サービスの送り手側が，対象の持つ文化的特徴を踏まえた援助（culturally competent service）を実践するスキルを有することが必要とされる。メイヤーとゼン（Meyer & Zane, 2013）は，民族・人種を共有する援助者によるサービス提供や，援助場

面において文化差や少数者として体験する差別等の問題が適切に扱われることが，サービスへのアクセスを促進し，援助への満足度を高めると述べている。このように文化の側面を適切に扱うカウンセラーの能力は，多文化カウンセリング能力（multicultural counseling competence）と称され，北米では，カウンセラーの基礎的な職能のひとつと位置づけられている。国内においてこの領域の取り組みは始まったばかりであるが，たとえば留学生相談においては，東アジア出身留学生の被援助志向性（水野，2003）や，学生相談資源利用に対する態度の出身地域による差異（大西，2013）を明らかにし，利用しやすさに配慮した実践などが試みられている。

⊙ 文化をめぐる諸課題

特定の文化集団を対象にその特徴に注目することは，しかしながら，過剰な一般化の危険性と隣り合わせである。また「文化」とは何かという，より根本的な問いも存在する。出身国や人種・民族のみならず，信仰，性差や性的指向性，経済的階層といった広義の文化も，援助を求める行為に影響を及ぼす。多様な視点から利用者のニーズを捉え，既存のサービスの適切性を検討していくことが，グローバル化時代の専門家に課せられた責任であるといえよう。

引用文献

Chen, S. X. & Mak, W. W. S. 2008 Seeking professional help: Etiology beliefs about mental illness across cultures. *Journal of counseling psychology*, **55**, 442–450

一言英文・新谷 優・松見淳子 2008 自己の利益と他者のコスト――心理的負債の日米間比較研究. 感情心理学研究, **16**, 3–24.

Meyer, O. L. & Zane, N. 2013 The influence of race and ethnicity in clients' experiences of mental health treatment. *Journal of community psychology*, **41**, 884–901.

水野治久 2003 留学生の被援助志向性に関する心理学的研究. 風間書房.

大西晶子 2013 在日大学院留学生の学生相談資源利用の障壁についての検討. 心理臨床学研究, **31**, 788–798.

Taylor, S. E., Sherman, D. K., Kim, H. S., Jarcho, J., Takagi, K., & Dunagan, M. S. 2004 Culture and social support: Who seeks it and why? *Journal of Personality and Social Psychology*, **87**, 354–362.

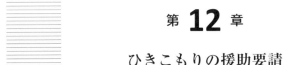

第 **12** 章

ひきこもりの援助要請

境　泉洋　Motohiro Sakai

●⊙●
1．はじめに

　本章においては，ひきこもりを「様々な要因の結果として社会的参加（義務教育を含む就学，非常勤職を含む就労，家庭外での交遊など）を回避し，原則的には 6 カ月以上にわたって，おおむね家庭にとどまり続けている状態（他者と交わらない形での外出をしていてもよい）」と定義する。

　ひきこもり状態に関するこれまでの疫学調査によると，本邦においてひきこもり状態にある人がいる世帯は26万世帯（全世帯の0.56％）であるとされており（Koyama et al., 2010），本邦の精神保健福祉における主要なテーマとなっている。

　本章においては，ひきこもり状態の現状を踏まえたうえで，ひきこもり状態にある人（以下，ひきこもり本人）の援助要請について論じる。

●⊙●
2．ひきこもりの現状

　筆者は，2004年から12年間にわたり，NPO 法人全国引きこもり KHJ 親の会（以下，KHJ 親の会）と共同して，述べ4,977人の家族と710人のひきこもり状態の経験者を対象とした調査（以下，KHJ 全国調査）を行っている。

⑴　相談機関の利用割合
　まず，ひきこもり本人の援助要請の現状について KHJ 全国調査から示された知見を紹介する。ひきこもり本人で継続的に相談機関を利用している割

合は，12.7％（境ら，2009）〜35.1％（境ら，2012）となっており，平均すると23.4％となっている。一方，家族で継続的に相談機関を利用している割合は，33.7％（境ら，2009）〜56.7％（境ら，2012）となっており，平均すると42.5％となっている。このことから，ひきこもり本人の4分の1，家族の4割程度しか，継続的な相談機関の利用につながっていないことが示されている。

(2)　相談機関の利用意欲

　相談機関の利用に関する意欲について，相談機関の利用にまったく関心がない「無関心期」，相談機関の利用に関心はあるけれども具体的な準備はしていない「関心期」，相談機関を利用するための具体的な準備を始めているが利用したことはない「準備期」，継続はしていないが相談機関を利用したことがある「試行期」，相談機関を継続的に利用している「継続期」のどの段階にいるかについて家族を対象に調査を行った（境ら，2007）。なお，ひきこもり本人について評価してもらう場合，本人が相談についてどう考えているかわからない「不明期」を追加した。この調査の結果，家族のほとんどは継続期（36.0％）と試行期（39.9％）にいることが示された。つまり，相談機関の利用は継続していなくても，相談機関を利用した経験はある人がほとんどであった。それに対して，ひきこもり本人については，試行期（23.3％），無関心期（22.0％），不明期（26.4％）であることが示された。つまり，ひきこもり本人のほとんどは，相談機関を試しに利用したことがある人，相談機関の利用に無関心な人，家族からでは本人が相談機関についてどう思っているのかがわからない人に三分されるといえる。

　この相談機関の利用意欲の段階について，ひきこもり本人と家族の関連を示したものが表12-1となる。表12-1を見ると，受療意欲に関しては，ひきこもり本人よりも家族のほうが先行していることがわかる。このことは，ひきこもり事例のほとんどが，ひきこもり本人からではなく家族から相談が始まることと一致している（地域精神保健活動における介入のあり方に関する研究班，2003）。また，ひきこもり本人と家族で共通して多い段階として，試行期があげられる。試行期は，いったんは相談機関を利用したにもかかわらず相談機関の利用が継続していない段階である。このことは，相談機関を

表12-1　ひきこもり本人と家族回答者の相談機関の利用状況の関係（境ら，2007）

| | | 家族 | | | | | |
		無関心期	関心期	準備期	試行期	継続期	合計
本人	無関心期	5	27	4	37	18	91
	関心期	1	13	4	7	13	38
	準備期	0	0	5	6	4	15
	試行期	0	9	3	65	23	100
	継続期	1	3	0	9	54	67
	合計	7	52	16	124	112	311

無関心期: 相談機関の利用について，まったく関心がない，関心期: 相談機関の利用について関心はあるけれども，具体的な準備はしていない，準備期: 相談機関を利用するための具体的な準備を始めているが，まだ利用したことはない，試行期: 継続はしていないが相談機関を利用したことがある，継続期: 相談機関を継続的に利用している

利用したにもかかわらず，満足する結果が得られなかったために利用が継続しなかったことを意味している。試行期が多いことは，相談機関がひきこもり本人と家族の満足できるような支援を提供できていない現状を示唆していると考えられる。

　利用意欲に関して，ひきこもり本人に特徴的に多い段階が不明期と無関心期である。中でも，不明期が最も多く，家族ですらひきこもり本人が相談についてどのように考えているのかを把握できていない現状がある。この背景には，家族関係の悪化があると考えられる。また，無関心期は相談機関を利用することが自分に必要だと思えないという段階であると考えられる。

● ◉ ●
3．ひきこもり本人の相談機関利用に関連する要因

　ひきこもり本人の援助要請に関する心理をうかがい知ることのできるデータとして，ひきこもり状態にあった時に望んでいたこと，相談機関についての考えに関するデータを紹介する。

(1)　ひきこもり状態にあった時に望んでいたこと
　ひきこもり本人はひきこもり状態にあった時，どのようなことを望んでいたのかについて，2007年の KHJ 全国調査（境ら，2008）において，20名の

ひきこもり本人へのインタビュー調査をもとに作成した質問項目による調査が行われている。この調査において，特に多くのひきこもり本人が強く望んでいたのが「精神的に楽になりたい」という思いである。また，「相性の合う人のいる場所に行きたい」，「居場所が欲しい」，「自分のペースでやりたい」という思いは，やはり「精神的に楽になりたい」という思いに通じるものであろう。一方，「今の状況を変えたい」，「自分の状態を知りたい」というのは，「自身の状況と向き合いたい」という思いであると考えられる。こうした「精神的に楽になりたい」でも「自身の状況と向き合いたい」という相反する葛藤が多くのひきこもり本人に共通した心理であるといえる。

⑵　相談機関についての考え

　2007年の KHJ 全国調査（境ら，2008）では，ひきこもり本人が相談に行く際に感じる抵抗感について調査を行っている。この調査において，70％以上のひきこもり本人が抱いていた相談機関への抵抗感として，「相談機関内の見知らぬグループには入りにくい」，「周りの人にひきこもっていることを知られたくない」，「相談機関の中にすでに存在するグループには入りにくい」という点が示された。ひきこもり本人が相談機関を利用するようになるには，すでに存在する人間関係の中への入っていきにくさを和らげる必要がある。

　また，2010年の KHJ 全国調査（境ら，2011）で「医療・支援機関に繋がる上で悪かった支援」について自由記述で回答を求めている。その結果において，ひきこもり本人は，支援者の考えを押し付けられる，過大な期待をされるといった「一方的支援」，次々に新しいことを求めて急かされるといった「支援者の焦り」，薬物療法のみの支援を行う「医療偏重」を挙げている。ひきこもり本人が相談機関につながるには，相談機関への入りにくさに加えて，ひきこもり本人の意思を尊重した支援を行うことが重要になるといえる。

　ひきこもり本人が具体的にはどのような支援を求めているのかについて，2007年（境ら，2008）と2008年（境ら，2009）の KHJ 全国調査で調査を行っている。その結果，ひきこもり本人が一貫して望んでいる支援は，「ひきこもりの若者たちによる居場所」であった。居場所を求めているひきこもりの若者は実に80％に上っている。そして，居場所以外に希望している支援

としては，心理専門家によるカウンセリング，解決事例や体験談の紹介，学習会・講座，仕事体験の場，就労相談，医師による相談であり，半数以上が希望していた。一方で，希望している人が少ない支援が宿泊型の共同生活の場，訪問型支援であり，望んでいる人は3割程度にとどまった。こうしたことから，ひきこもり本人を支援する際には，まずは居場所が必須であり，居場所を拠点としてカウンセリング，学習会，就労支援，医療といった様々な支援を個々人のニーズに合わせて利用できることが理想的と考えられる。なお，宿泊型や訪問型の支援の効果の有無については議論の余地があるが，それを望んでいる人は少数であり，宿泊型や訪問型の支援の適応は慎重に検討する必要がある。

● ⊙ ●
4．ひきこもり本人とその家族に対する
行動論的コミュニティ支援

　筆者は，ひきこもり本人とその家族の相談機関の利用を促進する支援として，利用者が魅力を感じて，抵抗なく参加できる環境づくりが重要であると考えている。魅力を感じる環境を，行動論の観点から定義するならば，ひきこもり本人とその家族に正の強化がもたらされる環境と定義することができる。正の強化とは，行動によって好子が獲得できるという結果随伴性である。つまり，ひきこもり本人とその家族が好子を獲得できる環境づくりこそが，ひきこもり本人とその家族にとっての魅力ある環境であるといえる。また，抵抗なく参加できる環境とは，ひきこもり本人とその家族が参加することによって正の弱化が生じる可能性が低い環境である。正の弱化とは，行動によって嫌子が出現する結果随伴性である。行動論的観点からのコミュニティ支援（以下，行動論的コミュニティ支援）においては，ひきこもり本人とその家族に正の強化がもたらされ，正の弱化がもたらされない環境づくりが重要となる。

　ひきこもり本人とその家族への行動論的コミュニティ支援を実現するために，筆者は3段階の支援を提案している（図12-1）。第一段階においては，ひきこもり本人の家族への支援である。家族への支援においては，コミュニ

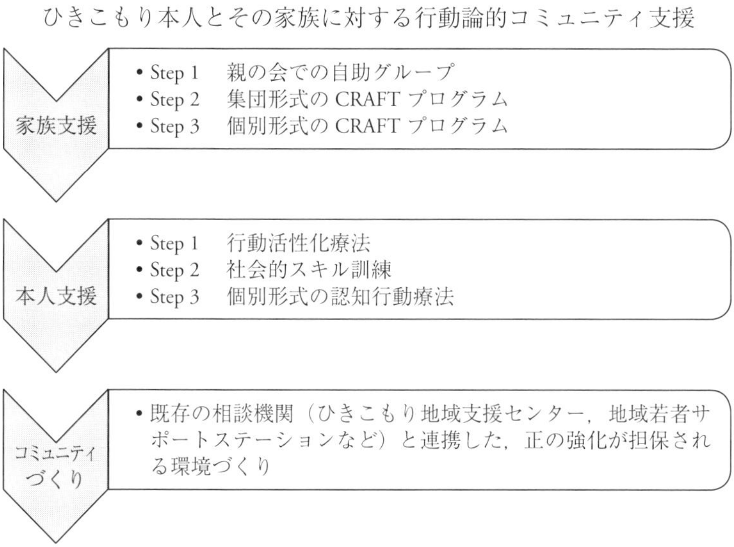

ひきこもり本人とその家族に対する行動論的コミュニティ支援

家族支援	・Step 1　親の会での自助グループ ・Step 2　集団形式の CRAFT プログラム ・Step 3　個別形式の CRAFT プログラム

本人支援	・Step 1　行動活性化療法 ・Step 2　社会的スキル訓練 ・Step 3　個別形式の認知行動療法

コミュニティ づくり	・既存の相談機関（ひきこもり地域支援センター，地域若者サ ポートステーションなど）と連携した，正の強化が担保され る環境づくり

図12-1　ひきこもり本人とその家族に対する3段階の支援

ティ強化と家族訓練（Community Reinforcement and Family Training: 以下，CRAFT; Smith & Meyers, 2004 境ら監訳 2013）プログラムを応用した支援が試みられており，一定の効果を上げている（野中ら，2013; 境ら，2015）。

　第二段階においては，ひきこもり本人への認知行動療法である。筆者は，カンターの行動活性化モデル（Kanter et al., 2009）に基づく認知行動療法として，高知県教育委員会と共同で「若者はばたけ」プログラム（高知県教育委員会，2015）を作成し，その効果検証を行っている（境，2015）。

　そして，第三段階では，行動論的コミュニティ支援を実現するための最大の課題となるコミュニティづくりが必要となる。筆者は，ひきこもり本人と家族が魅力を感じ，安心して参加できる持続可能なコミュニティを構築する一環として，KHJ 親の会と連携し，ひきこもり本人の社会的自立に向けた居場所活動を実施している。また，2015年4月に生活困窮者自立支援法が施行されたことを受けて，ひきこもり状態にある人とその家族を支援するためのコミュニティづくりのガイドブックの作成を進めている。

●⊙● 5．CRAFT プログラムを応用した家族支援

　本節では，行動論的コミュニティ支援の中でも比較的効果が実証されつつ
ある家族支援として，CRAFT プログラムについて紹介する。

　CRAFT プログラムは，本来，受療を拒否する物質乱用者の家族などの重
要な関係者を対象とした介入プログラムである。ルーゼンら（Roozen et al.,
2010）のメタ分析によって，受療を拒否する物質乱用者の治療参加率に関し
て高い効果を示すことが報告されている。CRAFT プログラムは，認知行動
療法の技法であるが，家族を介して受療を拒否している人たちの受療意欲を
高めるノウハウが構築されているところに特徴がある。

　CRAFT をひきこもりの家族支援に応用する試みとして，厚生労働省が作
成したひきこもりの評価・支援に関するガイドラインに CRAFT プログラム
が紹介されている（齊藤，2010）。また，CRAFT の家族支援の効果として，
受療，社会参加が促進されることが報告されている（野中ら，2013; 山本・
室橋，2014; 境ら，2015）。

　以下に，CRAFT を応用したひきこもりの家族支援の概要を紹介する。

①目的

　家族支援においてまず大事にしなければいけないことが，家族自身を支援
することである。長期化した事例では，家庭内の緊張状態が高いことが少な
くない。このような状況において，家族自身が強い心理的負担を抱えている
ことが多い。したがって，こうした家族の心理的負担を和らげることが何よ
りも重視されなければいけない。

　2つめは，家族関係の改善である。家族関係の健全さを図るひとつのバロ
メーターとして，親が褒めると子どもが喜び，親が叱ると子どもが反省する
か否かという基準がある。ひきこもり支援において遭遇する家族のほとんど
は，この基準を満たしていない場合が多い。この基準が満たされていない場
合，家族間の信頼関係の回復から始める必要がある。

　3つめは，ひきこもり本人と社会をつなぐことである。これは，ひきこも
り本人を相談機関に連れていくことや，働かせることだけをいっているので

はない。より具体的に述べるならば，ひきこもり本人が動きやすい環境づくりをするということである。ひきこもり本人の援助要請は，ひきこもり本人と社会をつなぐ手段のひとつになる。

②家族関係の基盤整備

ひきこもり事例には，ひきこもり本人が家族のことを警戒して，会話自体ができない状況がしばしば見受けられる。これは，ひきこもり本人が家族を信頼できず，警戒心を抱いているためである。このような状況では，まずは警戒心を解く工夫を家族が実践する必要がある。

家族に対する警戒心は，レスポンデント条件付けによって形成されるため，理論的にはレスポンデント条件付けの消去手続きを実施していくことになる。したがって，警戒心を解く基本的な方法は，(1)子どもが警戒することをしない，(2)子どもが安心することをするの2つになる。警戒心は時間とともに徐々に緩んでいくものであるため，上記の2つの方法を根気強く続け，ひきこもり本人の警戒心を解いていくことがまずは重要となる。

③ひきこもり本人の活動性を高める

家族支援において，最も力を入れなければいけないところが，ひきこもり本人の活動性を高めることである。そのためのポイントは主に2つある。1つは，ひきこもり本人が望ましい行動をしやすい状況をつくること，2つめは，ひきこもり本人が望ましい行動をしてよかったと思えるような関わり方をすることである。

ひきこもり本人が望ましい行動をしやすい状況をつくるには，家庭内の雰囲気を穏やかにするとともに，望ましい行動がなぜ起こるのかを考えることが重要となる。なぜ望ましい行動が起こるのを考える際のポイントが，以下の4つになる。

(1)どんなことがきっかけでその行動をしたのか？
(2)ひきこもり本人はどんな気持ちからその行動をしたのか？
(3)その行動をすることで，ひきこもり本人にどんなデメリットがあるだろうか？
(4)その行動をすることで，ひきこもり本人にどんなメリットがあるだろう

か？

　これらのポイントからわかる情報をもとに，ひきこもり本人が望ましい行動をしやすい状況をつくり，望ましい行動をしてよかったと思えるような関わり方について検討していくことになる。

● ⊙ ●
６．ひきこもり本人の問題行動に対応する

　ひきこもり本人が困った行動をする場合も少なくない。代表的な行動としては，暴力，暴言，ゲーム依存などがある。こうした困った行動を減らすポイントは主に２つである。１つは，困った行動が起こりにくい状況づくりを心がけること，２つめはそうした行動をしないほうがいいなとひきこもり本人が思うような関わり方をすることである。

　困った行動が起こらないようにするためには，望ましい行動の時と同じように，困った行動がなぜ起こるのかを考えることが重要となる。そのポイントを以下に示す。

　(1)どんなことがきっかけでその行動をしたのか？

　(2)ひきこもり本人はどんな気持ちからその行動をしたのか？

　(3)その行動をすることで，ひきこもり本人にどんなメリットがあるだろうか？

　(4)その行動をすることで，ひきこもり本人にどんなデメリットがあるだろうか？

　これらの情報をもとに，望ましい行動への対応と同様に，困った行動が起こらない状況づくり，困った行動をしないほうがいいなとひきこもり本人が思うような関わり方について検討していくことになる。

● ⊙ ●
７．ひきこもり本人に相談機関の利用を勧める

　相談機関の利用へのひきこもり本人の動機づけを高めるには，ひきこもり本人が次のような状態であることが重要となる。(1)相談することでポジティ

ブな結果を得られるだろうと期待している，(2)相談したら，自分の弱さを理解してもらえるだろうと期待している，(3)どんな相談機関が利用できるのか，相談機関がどこにあるかといった情報を知っている，(4)相談機関を利用するための金銭的コストをあまり心配していないことなどである。

　また，利用を勧めるタイミングが重要となる。利用を勧めるよいタイミングの例には，以下の4パターンがあるとされている。

　(1)ひきこもりに関する重大な問題を起こして，ひきこもり本人が後悔しているとき

　(2)自身のひきこもりについて，まったく予想していなかった意見・発言をされて，ひきこもり本人が動揺しているように見えるとき

　(3)家族が受けている支援について，ひきこもり本人から尋ねられたとき

　(4)家族の行動が変化した理由をひきこもり本人から尋ねられたとき

　これらのタイミングが来たら，ひきこもり本人と相談機関の利用について話し合うことが重要となる。一度，こうしたタイミングを逃すと，次にタイミングがいつ訪れるかわからない。タイミングを見逃さず，タイミングが訪れたら，それが相談を勧めるタイミングであると家族が理解し，しっかりと向き合って話し合う態勢を整えておくことがCRAFTプログラムの目的であるといえる。

● ◉ ●

8．ひきこもり支援における援助要請の意味

　ひきこもり状態からの回復とは，ひきこもり本人とその家族が安心して生活していける場を確保することである。この目標を達成するために，筆者は行動論的観点からのコミュニティ支援を実践している。筆者が行っている行動論的コミュニティ支援においては，ひきこもり本人とその家族の直接的な援助要請は必須とはならない。つまり，ひきこもり本人が相談場面に訪れなくとも，環境が整えられれば，ひきこもり本人が社会復帰をしていくことが十分起こりうる。こうした事実を踏まえると，援助要請は，ひきこもり状態から回復するための手段のひとつであるといえる。援助要請の促進を目指す時，それは何のための援助要請なのかを十分に考慮する必要がある。

引用文献

Kanter, J. W., Busch, A. M., & Rusch, L. C.　2009　*Behavioral activation: The CBT distinctive features series*. Routledge.

高知県教育委員会　2015　若者はばたけプログラム.
http://www.pref.kochi.lg.jp/soshiki/310401/2015050700198.html（2015年 5 月12日）

Koyama A, Miyake Y, Kawakami N, Tsuchiya, M, Tachimori, H., Takeshima, T., & The World Mental Health Japan Survey Group, 2002−2006　2010　Lifetime prevalence, psychiatric co-morbidity and demographic correlates of "hikikomori" in a community population in Japan. *Psychiatry Research*, **176**, 69−74.

野中俊介・境　泉洋・大野あき子　2013　ひきこもり状態にある人の親に対する集団認知行動療法の効果――Community Reinforcement and Family Training を応用した試行的介入.　精神医学, **55**, 283−291.

Roozen, H. G., de Waart, R., & van der Kroft, P.　2010　Community reinforcement and fami-ly training: An effective option to engage treatment−resistant substance−abusing individuals in treatment. *Addiction*, **105**, 1729−1738.

齊藤万比古　2010　「思春期のひきこもりをもたらす精神科疾患の実態把握と精神医学的治療・援助システムの構築に関する研究」平成19年度～21年度総合研究報告書厚生労働科学研究費補助金（こころの健康科学研究事業）.

境　泉洋　2015　若者自立支援施設利用者に対する認知行動療法の効果.　第56回児童青年精神医学会総会.

境　泉洋・平川沙織・原田素美礼・NPO 法人全国引きこもり KHJ 親の会　2012　「引きこもり」の実態に関する調査報告書⑨――全国引きこもり KHJ 親の会における実態.　徳島大学総合科学部境研究室.

境　泉洋・平川沙織・野中俊介・岡崎　剛・妹尾香苗・横瀬洋輔・稲畑陽子・牛尾　恵・溝口暁子　2015　ひきこもり状態にある人の親に対する CRAFT プログラムの効果.　行動療法研究, **41**, 167−178.

境　泉洋・堀川　寛・野中俊介・松本美菜子・平川沙織・NPO 法人全国引きこもりKHJ 親の会　2011　「引きこもり」の実態に関する調査報告書⑧――全国引きこもり KHJ 親の会における実態.　徳島大学総合科学部境研究室.

境　泉洋・川原一紗・木下龍三・久保祥子・若松清江・NPO 法人全国引きこもり KHJ親の会　2009　「引きこもり」の実態に関する調査報告書⑥――全国引きこもり KHJ 親の会における実態.　徳島大学総合科学部境研究室.

境　泉洋・川原一紗・NPO 法人全国引きこもり KHJ 親の会　2008　「引きこもり」の実態に関する調査報告書⑤――全国引きこもり KHJ 親の会における実態.　徳島大学総合科学部境研究室.

境　泉洋・中垣内正和・NPO 法人全国引きこもり KHJ 親の会　2007　「引きこもり」の実態に関する調査報告書④――全国引きこもり KHJ 親の会における実態.　志學館大学人間関係学部境研究室.

Smith, J. E. & Meyers, R. J.　2004　*Motivating substance abusers to enter treatment: Working with family members*. New York: Guilford Press. ［ジェーン・エレン・スミス ＆ ロバート・J・メイヤーズ（境　泉洋・原井宏明・杉山雅彦監訳）　2013　CRAFT 依存症患者へ

の治療動機づけ——家族と治療者のためのプログラムとマニュアル．金剛出版．]

地域精神保健活動における介入のあり方に関する研究班　2003　10代・20代を中心と
　　した「ひきこもり」をめぐる地域保健活動のガイドライン——精神保健福祉セン
　　ター・保健所・市町村でどのように対応するか・援助するか．こころの健康科学研
　　究事業．

山本　彩・室橋春光　2014　自閉症スペクトラム障害特性が背景にある（または疑わ
　　れる）社会的ひきこもりへのCRAFTを応用した介入プログラム——プログラムの
　　紹介と実施後30例の後方視的調査．児童青年精神医学とその近接領域, **55**, 280-294.

3 子どもの援助要請の心理を保護者に説明する ……… 本田真大

スクールカウンセラーとして働く中で身近な人への相談をためらう子どもの心理を保護者に説明するとき，私は便り（通信）等で以下のように伝えている。

「身近だから話せること」と 「身近だから話せないこと」

スクールカウンセラーは子どもにとってなじみのある大人ではありません。学校にいることは知っていても話したことがない，いつ来ているのかすらも知らない，という子どももいるでしょう。

人が悩みを相談するとき，一般的には「自分のことを知っている人じゃないと，わかってもらえない」と考えます。クラスの人間関係や部活動の雰囲気などの状況を知っている人に相談したいというのは自然なことです。そのため，多くの生徒は悩んだときに友人や親（保護者），先生に相談します。

「身近だから話せること」がある一方で，人には「身近だから話せないこと」があります。大人であれば，家族・夫婦間の深刻な関係悪化，経済状況の苦しさ，などでしょうか。子どもたちも学校に行きたくないとき，いじめられていると感じるときなどに，「身近だから話せない」と考えることがあります（もちろん，すべての子どもではありません）。なぜなら，身近な人に迷惑や心配をかけたくないと思ったり，周りの大人が動いておおごとにされることを恐れたりするからです。

このような「身近だから話せないこと」を聞くのがスクールカウンセラーの仕事です。子どもにとって「少し遠い大人」という距離感をむしろ利点として，子どもとの関係を作っていきます。

Coffee Break

第 IV 部

援助要請研究の応用と展開

第 13 章

メンタルヘルスリテラシーの重要性

小池 春妙　Harumi Koike

1．メンタルヘルスリテラシーの概論

　専門家援助要請とは，カウンセラーや精神科医といったメンタルヘルスの専門家に援助を要請することである。この専門家援助要請に強く影響するものが，メンタルヘルスリテラシーである。メンタルヘルスリテラシーとはヘルスリテラシーの概念から派生したものであり，「精神障害の認識，管理，予防を援助する知識と信念」と定義され，6つの要素で構成されている（Jorm, 2000）。

　それでは，援助要請のどういう場面にメンタルヘルスリテラシーが影響するのだろうか。その詳細を説明する前に，まずは専門家援助要請に至るまでのプロセスを，第9章で紹介した「援助要請行動のプロセス」（木村ら，2014）に基づいて述べる。

　うつ病を発症してから精神科を受診するまでの間に，人は5回ほど意思決定を行う必要がある。ひとつめは，自分の状態が普段とは違う状態だとわかるかどうかである。問題を認識できた次には，対処が必要かどうかを判断することになる。何かしたほうがいいと思った場合，自分でどうにかするか，あるいは誰かに相談するかを次に考えることになる。誰かに相談する，つまり援助要請すると決めた場合，今度は「誰に相談するか」を決める必要が出てくる。家族や友人などか，それとも何らかの専門家のほうがよいのか。また，ひと口に専門家といっても，選択肢としては精神科のほかに，学校や職場の相談機関や内科などの一般開業医などもある。それらの中から精神科を受診することを決めて，そして実際に行動に移せて初めて専門家援助要請が成立したといえる。

第Ⅳ部　援助要請研究の応用と展開

このように，専門家援助要請が成立するまでには，問題の深刻度の評価やソーシャルサポート，援助要請に対する態度，精神障害に対する偏見，精神医療に対する抵抗感などが影響することが明らかになっている（木村ら，2014; 奥村ら，2007）。これまで個別に扱われることが多かった様々な要素を，新たな枠組みでとらえ直したものがメンタルヘルスリテラシーだともいえる。

● ◎ ●
2．メンタルヘルスリテラシーの6要素

本節では，メンタルヘルスリテラシーを構成する6つの要素について，それぞれ先行研究を取り上げながら説明する。

①その症状が，精神障害なのかそうでないかを認識する能力

先述した援助要請のプロセスにおいて，今の状態が普通ではないとわかるかどうかが最初のフィルターであったように，症状を認識できるかどうかはメンタルヘルスリテラシーの要素のひとつである。この認識する能力が低い場合，本人や周りの人はその人の今の状態が精神障害によるものだと認識できないため，援助要請は行われず，症状の悪化につながってしまう（山口・水野，2014）。

また，症状に関する知識不足は，専門家とのコミュニケーションにも影響する。たとえば，精神症状（抑うつ気分など）を重要視せず，診察の際に身体症状（不眠や食欲不振など）ばかり話した場合，診断・治療のための情報が不足してしまい，結果として適切な治療の開始が遅くなってしまうことがある（小泉ら，2007）。

以上のように，精神障害による症状かどうかを認識できるかは，専門家への援助要請行動に影響するだけでなく，援助要請をした後にも影響するといえる。

②危険因子や原因についての知識や信念

調子の悪さを自覚できたとしても，その原因が何にあると思うかで，何か

したほうがよいかの判断が変わってくる。たとえば，単なる寝不足やその時の気分といった一過性のものと思えば放っておくであろうし，そうでないのであれば何らかの対処を考えるだろう。

また，何らかの対処が必要だと思っても，その原因に誤解があれば，適切でない相手に援助要請をする可能性がある。たとえば，アジア圏にはいまだに霊的存在が精神障害の原因として考えられている地域があり，そこでは病院ではなく伝統的なシャーマンに助けを求める人が多い（橋本ら，2006）。しかし，もしそのような俗信があることがわかっていれば，地域で信頼されているシャーマンのメンタルヘルスリテラシーを向上させ，シャーマンから精神科受診をうながす仕組みを作ることによって，適切な治療を受ける人を増やすことが可能となるだろう（Kurihara et al., 2006）。このように，コミュニティにおけるリテラシーの程度を把握することは，効果的な介入方法につながるのである。

③自分で行える対処方法についての知識と信念

自分の状態がいつもとは違う普通の状態ではないとわかったとしても，「自分で対処したい／できる」と思う人は少なくない（矢作ら，2007; 川上，2006）。自分で対処しようとして，結果として症状を悪化させてしまうこともある。その背景には，精神障害や専門的治療に対する誤解や知識不足があると考えられる。

しかし，自分でできる対処法には効果的なものもある。たとえば，軽度のうつ病の場合は，軽い運動や規則正しい生活リズム，あるいは，認知行動療法のセルフヘルプブックなどが効果的だといわれている（Jorm et al., 2003）。また，そのようなことを普段から気をつけることによって，結果的にメンタルヘルスの悪化を予防することもできるだろう。

ほかにも，家族や友人といった身近な人への援助要請も「自分で行える対処」に含まれる。どうやって相談したらいいかといった知識も，大事なメンタルヘルスリテラシーなのである。

④利用可能な専門的援助に関する知識と信念

誰かに援助要請しようと思い，その相手として何らかの専門家を選ぼうと

した時，その専門家に関する知識や信頼が重要な判断材料となるだろう。メンタルヘルスの専門家として一般的なものとして，精神科医とカウンセラーとがある。それぞれに対する一般の人からの評価を比べると，多くの場合，カウンセラーのほうがより好まれることがわかっている（Jorm et al., 2005）。このような差は，治療法となるとよりはっきりとし，カウンセリングは有益でより好まれ，薬物療法は有益性が低く評価されるか，むしろ有害と評価される場合すらあり，好まれないことが示されている（Jorm et al., 2005; 奥村ら，2007）。

　日本における精神障害の治療は精神科医が中心となることが多く，また，薬物療法は有効な治療方法のひとつである。そのため，専門的援助に関するリテラシーの向上は，適切な専門家援助要請の向上のために不可欠といえる。

⑤認識を促進したり，適切な援助を求めるための態度

　メンタルヘルスの問題で専門家に相談しようとする時には，専門的な援助に関する知識だけでは不十分な場合がある。なぜなら，精神科を受診することを恥ずかしいと思ったり，受診すると周りから否定的な評価を受けると思ったりして，受診しない人が少なくないからである（Gulliver et al., 2010; 川上，2006）。この背景には，精神障害に対する偏見やスティグマの問題が存在している（中根ら，2006; Vogel & Wester et al., 2007）。

　しかし，逆に周りの人たちが専門家援助要請に肯定的な場合や，身近な人に援助要請経験がある場合は，それに影響されて援助要請意図が高くなることが示されている（Mo & Mak, 2009; Vogel & Wade et al., 2007）。

　以上のように，知識だけでなく，本人や周りの人の態度が専門家援助要請には強く影響するのである。

⑥メンタルヘルスに関する情報を入手するための知識

　これまで述べてきたように，専門家援助要請行動における意思決定場面では，メンタルヘルスに関する適切な理解が必要となる。また，誤った知識に基づく信念は，誤った選択につながる。そのため，適切な情報を手に入れるための知識もまた，メンタルヘルスリテラシーの重要な要素といえる。

　そもそも医療に関する意思決定では，判断材料となる医療情報の収集が重

要となる。しかし，ある程度の知識がないことには，どんな情報が今の自分に必要なのかがわからないことが指摘されている（伊藤・長瀬，2009）。メンタルヘルスに関する主な情報源として，家族や友人といった身近な人や，新聞やテレビなどのメディア，インターネットなどが挙げられる。しかし，いずれの場合も，専門性が低い，情報の質が不十分，あるいは悪影響を及ぼす場合があることが明らかにされている（中根ら，2006; 簀ら，2015; 坂本ら，2008; 三谷ら，2001）。そのため，複数の情報源とその特徴を把握し，情報を照らし合わせることや，どのような場合に情報の信頼性が高いかがわかることが重要となる。

　以上がメンタルヘルスリテラシーの 6 要素である。メンタルヘルスリテラシーの研究はまだ不十分であり，それぞれがどのように関連し，援助要請行動やその後の受療行動に影響するかは十分には明らかになっていない。しかし，受診経路や偏見・スティグマなどの研究結果が示すとおり，本人や身近な人だけでなく，社会全体のメンタルヘルスリテラシーを向上することが，問題の予防にも，患者の回復・社会復帰にも重要であることは，間違いないようである。

● ◎ ●

3．日本人のメンタルヘルスリテラシー

　メンタルヘルスリテラシーの程度は，性別や年齢，学歴，人種などによって異なることがわかっている（Farrer et al., 2008; Vogel & Wester et al., 2007）。たとえば，女性は男性よりも，若者は高齢者よりも，専門的な援助を役立つと評価し，援助要請意図も高い。

　そこで本節では，日本人のメンタルヘルスリテラシーの特徴について，ジョームらによる日豪比較調査結果（Griffiths et al., 2006; Jorm et al., 2005; Nakane et al., 2005; 中根ら，2006）を中心に述べたいと思う。両国では，啓発活動について以下のような違いがある。オーストラリアでは，2000年頃からメンタルヘルスリテラシー向上などを目的に連邦政府レベルでの啓発活動が行われている。一方，日本においては自殺対策の一環として啓発活動が行

われてきたが，精神障害が医療計画に盛り込むべき疾病として指定されて取り組みが始まったのは2011年からである。このような違いが，両国の結果に反映されていると思われる。

　今回は特に精神障害の認識度，専門家援助への評価，偏見・スティグマを取り上げる。

(1)　精神障害の認識度

　2000年代初めに実施された調査は，日本における精神障害の認識度がオーストラリアよりも低いことを示している（Jorm et al., 2005）。特にうつ病の場合は，オーストラリアでの調査では6〜7割程度が認識できたのに対し，日本での調査では2〜3割程度しかできなかった。一方，慢性の統合失調症の場合は，オーストラリアと同程度の3割程度が認識できた。この結果から，日本は深刻なケースにのみ精神障害のラベルを使う傾向がある可能性が示された。しかし，日本での低い認識度は改善傾向にあり，うつ病は6割程度，統合失調症では4割程度が正しく認識できるようになっていた（吉岡，2014）。これは啓発活動のほかに，著名人が自身の精神障害を告白するなどメディアで取り上げられる機会が増えたことが理由として考えられる。

(2)　専門的な援助への評価

　精神障害の治療では，精神科医やカウンセラーが有益であると評価するという点では，日豪両国は一致している（Jorm et al., 2005）。一方，評価が一致しないものもあり，それが一般開業医，いわゆるかかりつけ医に対する評価である。オーストラリアの医療システムでは，まずはかかりつけ医を受診する。そのためか，オーストラリアの調査では，精神障害の場合も，かかりつけ医は有益であると評価されていた。

　それでは，代表的な治療法である心理療法や薬物療法などはどのように評価されているだろうか。日豪ともに同じ傾向にあり，心理療法は役立つと評価されたが，薬物療法に対する評価は低く，むしろ有害であると思われていることが明らかになっている（Jorm et al., 2005）。薬物療法に対するこのような誤解は，啓発活動においても重要なターゲットのひとつである。

(3) 偏見・スティグマ

　精神障害の原因として日々の問題や親しい人の死などを挙げるのは，日豪に共通している（Nakane et al., 2005）。両国に違いが見られたのは，生物学的な問題（ウィルスやアレルギー，遺伝など）と性格的な問題（神経質や弱さなど）に対する認識であった。オーストラリアの調査では前者を，日本の調査では後者を挙げる人が多い。このような認識の影響は，社会的距離やスティグマに関する調査結果にも表れている（Griffiths et al., 2006）。精神障害を性格的な問題だと思っている日本のほうが，精神障害は病気ではなく弱さの表れであり，本人の意思で解決できるとの誤解があった。

　それでは，オーストラリアには偏見がないかというと，そうではない。「精神障害者は他者から差別される」と思う人は，日本の調査結果よりも多いのである。一方で，自分自身の偏見の程度を評価した結果は，オーストラリアは日本の半分程度であった。つまり，オーストラリアの人は，「自分は偏見をもっていないが，コミュニティには差別がある」と思っているということである。これは一見すると矛盾しているが，これこそが啓発活動の影響だとも考えられる。スティグマ解消キャンペーンの効果検証結果では，キャンペーンにより多く接した人のほうが，あまり接していない人よりも，「差別される」と答える人の割合が多く，また，その割合はキャンペーン実施前よりも増えていた（Jorm et al., 2006）。これは，キャンペーンに多く接した人は，社会における偏見・差別に敏感になったために，キャンペーン前よりも気づきやすくなった可能性があることを示している。もちろん，社会的望ましさなどにより，自分が持つ偏見の程度を低く見積もっている可能性も考えられる。しかし，偏見・差別を，そうとして認識することは，その解消の第一歩ではないだろうか。なぜなら，「ない」と思われているものを，なくすことはできないからである。

●◉●
4．リテラシー向上のための取り組み

　メンタルヘルスリテラシーの低さは援助要請だけでなく，メンタルヘルスに関する様々なことがらに対しネガティブに影響するため，その向上が求め

られる。それでは，どのような媒体を使えば，メンタルヘルスに関する情報は人々に届くのであろうか。

　人々がメンタルヘルスに関する情報が入手できそうだと思うものには，新聞・雑誌やテレビなどのメディア，WEB サイト，あるいはメンタルヘルスに関するチラシ・パンフレットなどがある（土屋ら，2014）。このうち，メディアの影響力は自殺報道に関する研究で指摘されているとおり強く（坂本ら，2008），また，インターネットの普及により WEB サイトの重要性も高まっている。しかし，先にも述べたように，メディアやインターネット上の情報は質という点では玉石混淆であり，そのため，国や自治体になどによる取り組みの重要性は依然として高い。

　自治体はすでに，主に自殺予防の一環として，様々な媒体で精神障害の症状や治療法，予防方法などを発信している。チラシ・パンフレットの類だけでなく，テレビ・ラジオの CM や公共交通機関でのポスター掲示，自治体発行の広報誌でのコラムなど，日常生活の中でメンタルヘルスリテラシーに触れる機会を提供している。そこには自治体の相談窓口や医療機関の紹介が含まれており，援助要請先へのアクセスを容易にしていると考えられる。

● ⊙ ●
5．おわりに

　日本におけるメンタルヘルスリテラシーは，メディアの影響や自治体の取り組みなどによって年々向上していると思われる。たとえば，日豪比較調査の節でも述べたように，日本における精神障害の認識度は向上しつつある（吉岡，2014）。また，約10年の間に患者調査（厚生労働省）におけるうつ病患者数が44.1万人（1999年）から95.3万人（2011年）へと約 2 倍近く急増した背景にも，うつ病の症状や専門的治療の有効性を認識できる人が増えたことがあるのではないだろうか。しかし，依然として日本におけるメンタルヘルスリテラシーの程度は十分とはいえない。そのため，地域，学校，職場といったコミュニティベースでの継続的な啓発活動が重要となる。すでに行われている取り組みの効果検証を行い，啓発活動の主催者同士で結果を共有し，費用対効果の観点から「誰に，何の情報を，どうやって届ければ効果的なの

か」を検討することが望まれている。

引用文献

Farrer, L., Leach, L., Griffiths, K. M., Christensen, H., & Jorm, A. F.　2008　Age differences in mental health literacy. *BMC Public Health*, **8**, 125.

Griffiths, K. M., Nakane, Y., Christensen, H., Yoshioka, K., Jorm, A. F., & Nakane, H.　2006　Stigma in response to mental disorders: A comparison of Australia and Japan. *BMC Psychiatry*, **6**, 21.

Gulliver, A., Griffiths, K. M., & Christensen, H.　2010　Perceived barriers and facilitators to mental health help-seeking in young people: A systematic review. *BMC Psychiatry*, **10**, 113.

橋本直樹・藤澤大介・大塚耕太郎・小泉弥生　2006　精神科受診経路に関する研究. 精神医学, **48**, 1276-1285.

伊藤朱子・長瀬啓介　2009　医療市場における消費者の外部情報探索──事前知識が情報取得行動に与える影響についての実証的研究. 医療経済研究, **21**, 137-153.

Jorm, A. F.　2000　Mental health literacy: Public knowledge and beliefs about mental disorders. *British Journal of Psychiatry*, **177**, 396-401.

Jorm, A. F., Christensen, H., & Griffiths, K. M.　2006　Changes in depression awareness and attitudes in Australia: The impact of beyondblue: The national depression initiative. *Australian and New Zealand Journal of Psychiatry*, **40**, 42-46.

Jorm, A. F., Griffiths, K. M., Christensen, H., Korten, A. E., Parslow, R. A., & Rodgers, B.　2003　Providing information about the effectiveness of treatment options to depressed people in the community: A randomized controlled trial of effects on mental health literacy, help-seeking and symptoms. *Psychological Medicine*, **33**, 1071-1079.

Jorm, A. F., Nakane, Y., Christensen, H., Yoshioka, K., Griffiths, K. M., & Wata, Y.　2005　Public beliefs about treatment and outcome of mental disorders: A comparison of Australia and Japan. *BMC Medicine*, **3**, 12.

川上憲人　2006　こころの健康についての疫学調査に関する研究. 平成18年度厚生労働科学研究費補助金（こころの健康科学研究事業）こころの健康についての疫学調査に関する研究 総括研究報告書.

木村真人・梅垣佑介・水野治久　2014　学生相談機関に対する大学生の援助要請行動のプロセスとその関連要因──抑うつと自殺念慮の問題に焦点をあてて. 教育心理学研究, **62**, 173-186.

小泉弥生・藤澤大介・橋本直樹・大塚耕太郎　2007　精神疾患に対する一般身体科医による病名の告知・説明と関連因子について──精神科受診経路に関する多施設研究の結果から. 精神神經學雑誌, **109**, 1008-1021.

Kurihara, T., Kato, M., Reverger, R., & Tirta, I. G. R.　2006　Pathway to psychiatric care in Bali. *Psychiatry and Clinical Neurosciences*, **60**, 204-210.

三谷博明・辰巳治之・春木康男・大櫛陽一　2001　インターネット上の医療情報の質をめぐる課題. 医学図書館, **48**, 155-161.

Mo, P. K. H. & Mak, W. W. S.　2009　Help-seeking for mental health problems among Chinese: The application and extension of the theory of planned behavior. *Social Psychiatry and Psychiatric Epidemiology*, **44**, 675-684.

Nakane, Y., Jorm, A. F., Yoshioka, K., Christensen, H., Nakane, H., & Griffiths, K. M. 2005 Public beliefs about causes and risk factors for mental disorders: A comparison of Japan and Australia. *BMC Psychiatry*, **5**, 33.

中根允文・吉岡久美子・中根秀之 2006 精神疾患に対する日本人のイメージ——Mental health literacy に関する日豪比較調査から. 日本社会精神医学会雑誌, **15**, 25-38.

奥村泰之・坂本真士・岡 隆 2007 うつ病治療の便益性と危険性についての大学生の評価. 日本社会精神医学会雑誌, **16**, 156-167.

坂本真士・奥村泰之・田中江里子 2008 自殺を抑止するために新聞の自殺報道において掲載されるべき内容についての心理学的研究——架空の記事を用いた質問紙実験による検討. こころの健康, **23**, 47-55.

筐 宗一・清水隆裕・猫田泰敏 2015 一主要新聞紙朝刊のテレビ番組表からみた自殺・メンタルヘルス関連の報道の実態. 日本公衆衛生雑誌, **62**, 73-81.

土屋政雄・倉林るみい・井澤修平・原谷隆史 2014 労働者における紙媒体のメンタルヘルス情報の入手経験とその関連要因の検討. 労働安全衛生研究, **7**, 59-66.

Vogel, D. L., Wester, S. R., & Larson, L. M. 2007 Avoidance of counseling: Psychological factors that inhibit seeking help. *Journal of Counseling and Development*, **85**, 410-422.

Vogel, D. L., Wade, N. G., Wester, S. R., Larson, L., & Hackler, A. H. 2007 Seeking help from a mental health professional: The influence of one's social network. *Journal of Clinical Psychology*, **63**, 233-245.

矢作千春・太刀川弘和・谷向 知・根本清貴・遠藤 剛・芦澤裕子・田中耕平・石井竜介・石井徳恵・橋本幸紀・水上勝義・朝田 隆 2007 インターネットを用いた精神障害の動向調査. 精神医学, **49**, 301-309.

山口大樹・水野雅文 2014 精神病性障害（psychotic disorder）の当事者における援助希求行動の促進. 精神科, **24**, 670-675.

吉岡久美子 2014 保護者のメンタルヘルスリテラシー——保護者の help-seeking の特徴を中心にして. 精神科, **24**, 657-662.

援助要請とスティグマ

樫原 潤　Jun Kashihara

　援助要請の促進を目指す上では，心理的問題を抱えた当事者に働きかける視点と，当事者が援助要請を行いやすいように周囲の環境を整える視点の 2 つが重要となるだろう。本稿では，周囲の環境を整える視点に立った研究・実践を行う際に考慮すべき問題のひとつである，スティグマの問題を紹介する。

⊙ スティグマ概念の紹介

　樫原ら（2014）が整理するように，スティグマという概念は，偏見的な考えから差別的な行動に至るまでの多様な要素を含んでいる。これまでの研究においては，カウンセリング利用者や各種精神疾患の患者に対しては，スティグマが抱かれがちであるという議論がなされてきた。たとえば，コリガンとシャピロ（Corrigan & Shapiro, 2010）のモデルでは，精神疾患の患者一般について「危険だ（暴力を振るってくるのではないか）」という偏見が抱かれており，そのせいで一般の人々の間で恐怖の感情が喚起され，患者を回避する行動がとられやすくなってしまう，というプロセスが考えられている。

　スティグマは，心理的問題を抱える当事者が援助要請を行う上での妨げとなる要因として位置づけられてきた。たとえば，うつ病の患者を対象に質問紙調査を実施したシャーウッドら（Sherwood et al., 2007）は，周囲からのスティグマを強く知覚する患者ほど，専門家に援助要請しようという意図が低くなることを示している。

⊙ スティグマを低減する方法をめぐる議論

　援助要請の促進に向けては，妨害要因となるスティグマを低減する試みが重要となるだろう。以下では，スティグマを低減する方法をめぐってどのような議論がこれまでになされてきたか，近年の知見も踏まえて紹介する。

　樫原ら（2014）がレビューしたように，スティグマの低減を図った先行研究の中では，差別的行動に至るプロセスの起点となる偏見の低減を図るものが多く，その中でも偏見の低減効果を質問紙尺度によって検討するものが主流であった。質問紙尺度を利用した研究において，偏見の低減に有効であるとされてきた方法には，「知識啓発（疾患や心理的問題についての正しい知識を提供すること）」と「当事者との接触（疾患や心理的問題を抱えた当事者と実際に接する機会を設けること）」の 2 種類が主に存在する。

ただし，質問紙尺度では社会的望ましさを考慮した回答がなされうることから，これまでの研究では「知識啓発」や「当事者との接触」による偏見低減効果が過大に評価されていたことも懸念される。こうした懸念から，社会的望ましさバイアスの影響を受けづらい潜在連合テスト（実験課題中の反応時間をもとに偏見の強さを測定するテスト）を用いて，偏見低減のために取られる手法の効果を再検討する研究も近年では実施されている。たとえば，Kashihara（2015）は，大学生・大学院生130名を対象に，文書を用いてうつ病の知識啓発を行った結果として，質問紙尺度上では有意な偏見低減効果が確認されたのに対し，潜在連合テスト上では偏見低減効果が有意にならなかったことを示している。

　上記の Kashihara（2015）の知見が示すように，スティグマの低減に向けて従来用いられてきた方法の中には，実はさほど大きな効果を持たないものが含まれている可能性がある。そのため，スティグマを扱った論文を読んだり，スティグマの低減に向けた研究やプログラムを実施したりする際には，「社会的望ましさバイアスへの対処など，偏見や差別的行動の低減効果を過大に評価しないための工夫がなされているか」という点に注意する必要があるだろう。

引用文献

Corrigan, P. W. & Shapiro, J. R.　2010　Measuring the impact of programs that challenge the public stigma of mental illness. *Clinical Psychology Review*, **30**, 907-922.

Kashihara, J.　2015　Examination of stigmatizing beliefs about depression and stigma-reduction effects of education by using implicit measures. *Psychological Reports*, **116**, 337-362.

樫原　潤・河合輝久・梅垣佑介　2014　うつ病罹患患者に対するスティグマ的態度の現状と課題─潜在尺度の利用可能性への着目．心理学評論，**57**, 455-471.

Sherwood, C., Salkovskis, P. M., & Rimes, K. A.　2007　Help-seeking for depression: The role of beliefs, attitudes and mood. *Behavioural and Cognitive Psychotherapy*, **35**, 541-554.

第 **14** 章

援助要請促進プログラム開発と評価

中村 菜々子 Nanako Nakamura-Taira

1．はじめに

　本章では，研究知見を生かして援助要請を促進するプログラムを開発する際の方法と，開発されたプログラムの評価方法，およびこれらの背景となる代表的な理論について考えていきたい。

　人を対象とした研究手法を大きく分類すると，表14-1のようになる。まず，事例報告や専門家の意見から，臨床現場で起きている問題が抽出される。

　次に調査研究が行われる。現象を記述する調査によって，臨床現場での気づきや実感がどの程度生じているのかの現状を，データで示すことが出発点である。たとえば，世界保健機関（WHO）が実施した21カ国55,302名を対象とした調査では，過去1年間に自殺企図のあった者のうち，約4割しか何らかの支援を受けていないことが示された（Bruffaerts et al., 2011）。次に，援助要請に影響する要因間の関連を検討し，援助要請に関わる要因を検討する説明的な研究が必要である。本書の各章で紹介されている援助要請の心理学研究の多くはこのタイプの研究である。横断的・縦断的な手法を用いて，記

表14-1　プログラムを開発する背景となる各種の研究

介入研究	介入研究の系統的レビュー／メタ分析 介入研究
調査研究	調査研究の系統的レビュー／メタ分析 縦断研究 横断研究
事例研究	事例報告 専門家の臨床経験に基づく意見

述的あるいは説明的な研究が積み重ねられる。その後，系統的レビューやメタ分析が行われ，様々な調査研究から得られた知見が集約される。

　系統的レビューやメタ分析によって明らかになった援助要請を促進しうる要因が，介入研究のターゲットとなる。援助要請の領域では，すでに多くの介入研究が行われている。介入研究も調査研究と同様に，最終的には系統的レビューやメタ分析が行われ，その有用性が評価される。

　このように，臨床実践を背景とした各種の調査研究を行い，系統的レビューやメタ分析により研究知見を集積し，その上で介入ターゲットを設定して介入研究を行い，その知見を系統的レビューやメタ分析で集積し現場に還元するというプロセスで，エビデンスに基づいたプログラムが開発される。こうした積み重ねの後に（あるいは，並行して），地域や学校といった現場で，援助要請を促す環境づくりが行われていく。

● ⊙ ●

2．先行研究の概観

(1)　援助要請促進プログラムの文献数とその推移

　援助要請については，現在までに多くの研究が行われている。"help seeking" と "intervention" の 2 語を用いて、アメリカ心理学会のデータベースPsycINFO により，2014年までに発行された文献（human を対象とした journal article）を検索した。検索の結果，4,956論文（介入研究は600論文）が抽

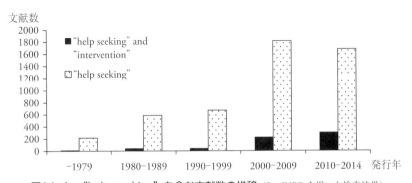

図14-1　"help seeking" を含む文献数の推移（PsycINFO を用いた検索結果）

出された。図14-1を見ると，全体として研究数が増加することに伴い，介入研究も増加している様子が読み取れる。

(2) 先行研究の概観

援助要請を対象とした研究は，充実した研究数を背景に，調査研究のメタ分析，介入研究，介入研究の系統的レビューまで実施されている。調査研究と介入研究の全体を見渡すために，それぞれのメタ分析や系統的レビューを取り上げる。

■調査研究のメタ分析

調査研究では，大学生を対象とした援助要請研究についてメタ分析を行った研究が発行されている。ナムら（Nam et al., 2013）では，非臨床群の大学生を対象とし，援助要請の測定にATSPPH（Attitudes Towards Seeking Professional Psychological Help Scale: Fischer & Turner, 1970）を使用した19論文，リら（Li et al., 2014）では，大学生・短期大学生の公的なメンタルヘルスサービスの利用意図を対象とした18論文がメタ分析の対象となった。

表14-2を見ると，学生を対象とした援助要請意図には，「援助を要請することで得られる利益の予期」，「セルフスティグマ」，そして「専門家への援助要請態度」の影響が強いことがわかる。結果から，介入では，対象者が援

表14-2　メタ分析で示された援助要請の調査研究からの知見

Nam et al., 2013		Li et al., 2014	
利益の予期	$r=.52^{***}$	利益の予期	$r=.42^{***}$
リスクの予期	$r=-.26^{***}$	リスクの予期	$r=-.10^{**}$
		専門家への援助要請態度	$r=.46^{***}$
パブリックスティグマ	$r=-.24^{***}$	パブリックスティグマ	$r=-.11^{**}$
セルフスティグマ	$r=-.63^{***}$		
ソーシャルサポート	$r=.13^{***}$	ソーシャルサポート	n.s.
自己隠蔽	$r=-.17^{***}$	自己隠蔽	n.s.
自己開示	$r=.34^{***}$	自己開示	n.s.
心理的苦痛（distress）	n.s.	心理的苦痛（distress）	n.s.
抑うつ	$r=-.07^{**}$		
		アジア的価値の遵守	$r=-.15^{***}$
		年齢，性別	n.s.

** $p < .01$, *** $p < .001$, n.s. not significant

助要請のメリット（利益）を実感することができ，援助要請をする自分に対する評価や専門家へ援助要請を行うことに対する態度が肯定的なものになるような内容を実施することで，参加者の援助要請意図を増やすことができると考えられる。

■介入研究の系統的レビュー

介入研究では，系統的レビューが発表されている。ガリバーら（Gulliver et al., 2012）は，抑うつ・不安・全般的な精神的不調に関する，援助要請の態度・意図・行動いずれかの向上を目的とした，無作為対照化試験による介入研究を展望した。対象年齢は17〜79歳で，8プログラム（6論文）が対象となった（表14-3）。プログラムの構成要素は，メンタルヘルスリテラシーの向上，スティグマ低減，援助要請先の情報提供が上位であった。リプソン（Lipson, 2014）は，援助要請行動を行う若者本人ではなく，周囲で援助要請行動の支援を行いうる人（ゲートキーパー）を対象とした介入研究の系統的

表14-3　系統的レビューで示された援助要請の介入研究からの知見

Gulliver et al., 2012		
プログラムの構成要素		結果
メンタルヘルスリテラシー	75.0%[a]	83.3%[b] 態度が改善，行動（3[c]）は改善せず
スティグマ低減情報	37.5%[a]	66.7%[b] 態度が改善，行動（1[c]）は改善せず
援助要請先情報	37.5%[a]	100%[b] 態度が改善，行動（1[c]）は改善せず
電話による支援	25.0%[a]	50%[b] 行動が改善
援助利用経験者のビデオ視聴	12.5%[a]	100%[b] 態度が改善
オンライン認知行動療法	12.5%[a]	100%[b] 行動が改善

Lipson, 2014		
行われたプログラム名		結果
QPR（Question, Persuade, Refer）　42.9%[d]		主観的知識（52.4%[d]），100%[e] 改善
ASIST（Applied Suicide Intervention		客観的知識（57.1%[d]），83.3%[e] 改善
Skills Training）　4.8%[d]		態度（66.7%[d]），85.7%[e] 改善
Yellow Ribbon　4.8%[d]		セルフエフィカシー（71.4%[d]），100%[e] 改善
Sources of Strength　4.8%[d]		スキル（28.6%[d]），66.7%[e] 改善
		行動意図（42.9%[d]），88.9%[e] 改善
		実際の行動（23.8%[d]），20%[e] 改善
		集団レベルのアウトカム（9.5%[d]），50%[e] 改善

[a]8プログラム中，その要素を用いたプログラムの割合，[b]その要素が用いられたプログラム中，効果があった割合，[c]行動を測定したプログラム数，[d]21プログラム中，その要素を用いたプログラムの割合，[e]その指標が測定されたプログラム中，指標が改善した割合

レビューを行った。21論文が対象となった。ゲートキーパートレーニングの多くは1〜3時間で行われており，プログラムの主な構成要素は，知識提供，ロールプレイや行動リハーサルであった。

　これらの介入により，援助要請の態度は変容したが，援助要請の行動は改善していないことが特徴である（ただし，行動を測定している研究の割合が低いことを考慮に入れる必要がある）。

(3) 先行研究の課題

　調査研究と介入研究の概観をふまえ，コミュニティでのプログラム展開を考える際の課題を2つ挙げる。

　第一に，有意な要因が明らかになることと，その要因を変化させるための有効な方法がわかることは別，という点である。たとえば，調査研究では援助要請の利益の認知が援助要請意図に有意な影響があった（Nam et al., 2013; Li et al., 2014）。しかし，「どうすれば」利益を認知させることができるのかは，調査研究結果からはわからないため，プログラム展開においては参加者が利益を認知できるようになる有効な「方法」を別途開発する必要がある。そして，実践においてターゲットを変化させる方法の開発は困難であることが多い。

　第二に，コミュニティでプログラムを展開する際には，環境要因やコミュニティレベルのアセスメントといった，個人の心理学的要因以外の観点を導入する必要がある。調査研究では，援助要請の意図と実際の行動に有意な関連があることを前提として行われ，たとえば，スティグマといった要因の影響が明らかになった（Nam et al., 2013; Li et al., 2014）。しかし，介入研究では，スティグマ低減は援助要請の態度を変化させたが，行動を変化させなかった（Gulliver et al., 2012）。心理学的介入は，態度や意図といった個人の内的要因を変化させるために有効である一方で，環境整備や資源へのアクセス可能性の向上といった公衆衛生学的介入が，実際の行動実施には必要なのかもしれない。また，介入研究では，フォローアップ時の測定を行った研究の少なさ（対象とした21論文中38.1%）が指摘されている（Lipson, 2014）。介入による効果は，フォローアップ時にその効果が減じる傾向にあり，より長期の効果をもたらす工夫（環境整備やスキルを般化させる工夫など）の必要性を示唆

している。さらに，介入研究では，メンタルヘルスリテラシー教育は援助要請行動を改善しなかったが，認知行動療法は援助要請行動を改善した（Gulliver et al., 2012）。つまり，行動を改善するには，知識提供（メンタルヘルスリテラシーの向上）という低強度の介入ではなく，認知行動療法のようなより高強度の介入が必要となることが示唆された。しかし，介入は強度が高くなるほどコストがかかるため（たとえば，オンライン・サービスを提供する場合はその準備やスタッフ雇用など），プログラムを展開するコミュニティのアセスメントを行い，介入効果と投入できる資源とのバランスを考える必要がある。こうした個人の心理学的要因以外の各種要因を導入していくためには，環境整備やコミュニティのアセスメントといった視点が含まれる計画理論（planning theory）を活用していくことも，コミュニティでのプログラム展開に役立つだろう。

● ⊙ ●
3．援助要請のプログラム評価に役立つ理論の紹介

⑴　介入の背景となる3種の理論

　援助要請の領域における先行研究では主に，個人の持つ援助要請の態度・意図・行動を説明する個人的・環境的要因の研究が行われていた。この種の研究では，アウトカム（援助要請意図や行動）を説明するための説明理論（explanatory theory）が用いられている。研究知見をコミュニティで展開する際には，説明理論に加え，地域レベルの要因と住民の行動との相互作用を記述するための変容理論（change theory）が，プログラム立案に役立つ。さらに，コミュニティ実践のプロセスを記述した計画理論が，地域のアセスメントとプログラムの評価を行うために必要となる（National Cancer Institute, 2005）。

　たとえば，落ち込みが続いているが援助要請をしない会社員Aさんは，自分の症状が専門家の援助を必要とするものなのか知らないのかもしれない（知識：個人要因）。あるいは，同じ部署の先輩が休職した際，他の人が陰で「面倒だな」と言ったのを聞いたのかもしれない（他者の意見：個人間要因）。または，Aさんの会社には，メンタルヘルスの相談窓口がないのかもしれな

い（環境要因）。Aさんが援助要請をするためには，Aさん自身の知識を高めること，Aさんの周囲の人も正しい知識を持つこと，Aさんの会社が，社員のメンタルヘルスの重要性を認識し，相談体制を作ることが必要であろう。そして，会社にメンタルヘルスを検討する委員会を設置して社員の意見を集め（コミュニティ・エンパワーメント），社内のイントラ・ネット上で相談窓口を紹介する（メディア・コミュニケーション）などが必要である。こうした要因はそれぞれ，説明理論と変容理論で記述される。さらに，読者が国のメンタルヘルス支援担当者だとしよう。こうした対策を国の政策に組み込むために，メンタルヘルスの維持向上に割くことのできる予算，人的資源，支援者の教育などをアセスメントした上で，実現可能な内容を実施する必要がある。ここで，コミュニティレベルでのアセスメントと，アセスメント結果に基づいた事業の計画・評価に用いられるのが計画理論である。

　地域レベルでの健康を考える活動は，包括的にヘルス・プロモーション（health promotion, 健康増進）と呼ばれる。WHOによれば，ヘルス・プロモーションとは「人々が自らの健康とその要因をコントロールし，改善することができるようにするプロセス」と定義される。そして「全ての人があらゆるライフステージで健康を享受することのできる公正な社会の創造」を健康づくり戦略の目標としている。目標実現のための活動として，①健康な公共政策づくり，②健康を支援する環境づくり，③地域活動の強化，④個人技術の開発，⑤ヘルスサービスの方向転換が，また活動を成功させるためのプロセスとして，⑥アドボケート，⑦投資，⑧能力形成，⑨規制や法制定，⑩パートナーシップが挙げられている。つまり，援助要請の向上をコミュニティで実現するためには，健康に寄与する行動の獲得・維持に関連する諸概念について，信念や感情，セルフエフィカシーなど個人内・個人間の要因から，政治の影響や社会経済的状況，環境要因などを含む研究を行い，地域で政策として展開するための活動指針を元に，研究成果を実践に展開していく必要がある。

　ちなみに，わが国のヘルス・プロモーション政策である「健康日本21」でも，こころの健康が対象となっている（表14-4）。目標値として，自殺率や心理的苦痛を感じている人の低減に加え，それを実現するための環境整備（職場整備や専門家の増加）も目標に挙がっている。コミュニティでの取り

表14-4　健康日本21における「こころの健康」の目標値（厚生労働省，2013より抜粋）

項目	現状	目標
1．自殺者の減少（人口10万人当たり）	23.4%（平成22年）	自殺総合対策大綱の見直しの状況を踏まえて設定
2．気分障害・不安障害に相当する心理的苦痛を感じている者の割合の減少	10.4%（平成22年）	9.4%（平成34年度）
3．メンタルヘルスに関する措置を受けられる職場の割合の増加	33.6%（平成19年）	100%（平成32年）
4．小児人口10万人当たりの小児科医・児童精神科医師の割合の増加	小児科医 94.4%（平成22年）児童精神科医 10.6%（平成21年）	増加傾向へ（平成26年）

組みには，個人要因と環境整備の両者が不可欠であることを示す例である。

(2) 説明理論と変容理論

　表14-5は，代表的な説明理論と変容理論を記載したものである。ヘルス・プロモーションの領域で提案された説明理論のうち，援助要請領域へ応用が可能な理論の候補として，ガリバーら（Gulliver et al., 2012）は，計画的行動理論，健康信念モデル，アンダーソンの行動モデル，ダイナミックモデルを挙げた。以下では，計画的行動理論，健康信念モデル，トランスセオレティカルモデルについて概説する。

■計画的行動理論（TPB: Theory of Planned Behavior）

　フィッシュバインとエイゼン（Fishbein & Ajzen, 1975）が，1970年代に合理的行動理論（TRA: Theory of Reasoned Action）を提唱した。TRAでは，行動意図が強いほど，行動を遂行する可能性が高いと仮定され，行動意図は，行動への態度と主観的規範が決定すると考えられている。計画的行動理論（TPB）は，エイゼンがTRAに行動の主観的統制感の概念を追加し，発展させた理論である（Ajzen, 1985）。

　援助要請の例でいえば，「援助を求めたいと思う強さ」（行動意図）は，「気持ちの問題で誰かに相談するなんて，よくないことだ」（行動への態度）

表14-5　代表的な説明理論・変容理論と援助要請領域での展開例

	理論名	理論での焦点	援助要請での応用
個人レベル	健康信念モデル	健康問題により生じる脅威，脅威を避ける行動による恩恵，意思決定に影響する個人の認識	援助要請行動を実行しない理由の説明
	トランスセオレティカルモデル	問題行動を変える個人の動機・準備・行動のレベル	援助要請への動機づけレベルの違いに合わせた介入の立案
	計画的行動理論	行動に対する個人の態度，規範の認識，変化の容易さ／困難さについての信念	援助要請行動を実行する理由の説明
個人間レベル	社会的認知理論	個人的要因，環境要因，個人の行動要因の相互作用	グループ学習によるモデリング効果
コミュニティレベル	コミュニティ・オーガナイゼーションの諸理論	健康・社会問題を評価し解決する際のコミュニティ主導の諸方法（エンパワーメント等）	プログラムの展開にあたり，対象者自身のプログラムへの関与や他職種と協働する計画の立案
	コミュニケーション理論	各種の情報（政府からの情報，メディアの情報等）の伝達のされ方と行動への影響	地域でのプログラム展開の際に情報を伝える方法の選択
	イノベーション普及理論	新しい考え，商品，実践が，社会の中や他の社会に広がる様子	援助要請向上の取り組みを様々な地域で導入してもらうために必要な要素の検討

や「でも，指導教官に"学生相談室に一度行くことを勧めるよ"と言われたから，行くべきなのかな」（主観的規範）あるいは「さすがに，この落ち込みはつらい。もう自分では何とかできない！」（主観的統制感）といった要因の影響を受けている。

■健康信念モデル（HBM: Health Belief Model）

1950年代にホックバウム（Hochbaum, G. M.）やローゼンストック（Rosen-stock, I. M.）らが，結核検診の受診行動モデルとして健康信念モデル（HBM）を提唱し，その後，ベッカー（Becker, M. H.）が発展させた（Rosenstock, 1974)。HBM では，予防健康行動の実行可能性を規定する要因として，疾病の脅威認知（疾病への易罹患性の認知と疾病の重大さの認知）と，実行に伴う利益と損失の損益計算の2つを中心とし，属性（年齢・性・教育など）や契機（情報等）が含まれている。HBM は，後にモデルが拡張されている（防護動機理論）。

　精神的健康状態が悪く，専門家の援助が必要だが援助要請をしない人の例で考える。現在，テレビや駅の広告等で「眠れていますか？　2週間以上睡眠不良が続いたら，受診を考えましょう」（行動を促す要因への暴露）といった広報が行われている。しかし，本人が「仕事はきついが，自分は今まできつい仕事をこなしてきたのだから，多少のことでは不調にならない」（脆弱性の認知），「睡眠不足は一時的なもので，すぐ落ち着くだろう」（認知された重大性），「どうせ医者に行っても，ちょっと話聞いて薬出るだけだろうし」（認知された利益），「だいたい，医者に行く時間を取るのが無駄」（認知された不利益），「こういう時の病院がどこにあるか調べる自信がないし，うまく話せる自信もない」（行動を行う自分の能力への自信）といった認知（信念）を持っていると，実際の受診は生じないと考えられる。

■トランスセオレティカルモデル（TTM: Transtheoretical model）

　プロチャスカとディクレメンテ（Prochaska & DiClemente, 1983）は，健康行動の獲得過程を，非獲得・獲得済の二分法でなく，行動実施の意図や実施状況の程度により5つの変容ステージ（無関心期，関心期，準備期，実行期，維持期）で表現した。TTM では，健康行動の獲得，すなわち変容ステージの移行に際しては，心理的な変容プロセス（認知的な6要因と行動的な4要因）が認められ，維持期に向かうほど，行動実施に対する利益と損失の評価（意思決定バランス）が変化し，セルフエフィカシーが増加すると想定されている。

　たとえば，大学の講義でメンタルヘルスリテラシー向上の授業を行った際，大学生がアクセスしやすい援助要請先の情報を伝えたとする。援助要請に全く関心がない受講生（無関心期）は，その情報を聞いても，その後に援助要請行動を起こす可能性は低いだろう。一方，まだ援助要請をしていないが，いずれできればと考えている受講生（関心期や準備期）は，そうした具体的

な情報提供が，実際の一歩を踏み出すきっかけとなる可能性がある。同じ講
義内容でも，受講者の準備状態で伝わり方が異なるのである。

(3) 計画理論

　説明理論は，状況の理解，介入のデザイン，手順，測定指標の選択に役立
つ。研究や実践では介入するレベル（個人，集団，組織，コミュニティな
ど）と対象とする健康問題の特性により，理論を選ぶことや組み合わせるこ
とが必要になってくる。

　介入を，コミュニティ全体の資源や現状をもアセスメントしながら，複数
の理論や資源を統合しつつ展開していくためには，「計画モデル」と呼ばれ
る視点が有用である。代表的な計画モデルには，ソーシャルマーケティング
（social marketing）とプリシード・プロシードモデル（PPM: PRECEDE-PRO-
CEED model）がある。本項ではプリシード・プロシードモデルを紹介する。

■プリシード・プロシードモデル

　プリシード・プロシードモデル（PPM）は，グリーンらにより開発され
（Green et al., 1996），WHO のヘルス・プロモーション概念を盛り込み，アセ
スメントと計画（第 1 ～ 5 段階），実施（第 6 段階），評価（第 7 ～ 9 段階）
までの一連の過程と手順を示したモデルである（図14- 2 ）。

　PPM は実際に援助要請領域に応用されている。ライトら（Wright et al.,
2006）は，オーストラリアの 2 都市を対象として，若年者のうつ病と統合失
調症の予防を目的とした地域での介入を実施した。社会・疫学アセスメント
（若年者の障害に占める精神疾患の割合，関連するステークホルダーや地域
リーダーの種類等），行動・環境アセスメント（先行研究や若年者へのイン
タビューによる獲得すべき行動の整理，ヘルスケア環境の整理等），教育・
組織アセスメント（行動変化が起きるための，認知的・感情的な障壁を取り
除くことを目標として，役立ちうることを検討），行政・政策アセスメント
（メンタルヘルス問題への早期介入はオーストラリア国家の方針であること
を確認）を経て，キャンペーンを実施（戦略の開発，対象者の特徴別に群分
けしたアプローチ，キーメッセージの開発，多様なコミュニケーション方略
の設定など）し，開始から14カ月後に，プロセス評価（取り組みが広まった

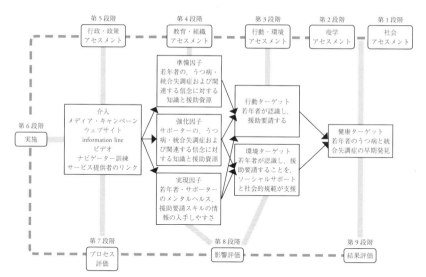

図14-2 PRECEDE-PROCEED モデルに基づいた援助要請地域キャンペーンの例
(Wright et al., 2006の図を筆者が邦訳)

かの確認など),影響評価(対象地域の若者を抽出し,前後で電話調査など),結果評価(評価できなかった)を実施した。プログラムの結果,主観的な自殺リスク,援助要請の障壁,うつ病の自己評定などは有意に改善したが,精神的不調が疑われる対象者の援助要請率や,援助資源への認知度などは有意に改善しなかった。

● ⊙ ●
4. まとめ

　本章では,援助要請促進プログラムについて,調査研究から介入研究までのプロセスを概観し,援助要請促進プログラムを地域で展開していく際に必要な理論枠組みについて述べた。最後に,今後の課題について述べる。

■現場の要請に応えることと研究スピードとのジレンマ
　十分に計画された研究を行い,知見を蓄積するためには時間が必要である。その一方で,メンタルヘルスの予防は喫緊の課題であり,自殺予防事業など

がすでに行われている。研究の蓄積を待たず実践を行わなくてはならない現状がある。

■「真に援助が必要な人」へアプローチするための工夫

研究でも実践でも，呼びかけに応じない人は一定数存在する。しかし援助要請という視点からは，彼らこそ，「真に援助が必要だが届いていない人」であり研究が必要な人であるといえる。こうした人へアプローチする今までにない方法を工夫していくことが求められる。ショメラスら（Schomerus et al., 2012）は，従来の研究や実践ではアプローチが難しい，精神疾患に対するスティグマの強い者への接近を試みた。新聞広告に，精神疾患を連想させる用語やスティグマを招く表現を一切使わずに，精神的不調を感じている場合に体験しうる症状を記載し，該当する人へ調査協力を求めた。対象者はわずか25名であったが，彼らのセルフスティグマが，問題の認識（$\beta = -.38$）や援助ニーズ（$\beta = -.59$）に有意な影響を与えることが明らかになった。研究方法自体を工夫することで，従来難しいと考えられていた層へのアプローチが可能になる例であると思われる。

■研究手法・評価指標の拡張

援助要請に関わる要因を変化させる「方法」の開発が必要であることはすでに述べた。この方法の開発には，たとえば，実験（スティグマ低減に関する実験社会心理学の知見はすでにある）を用いるなど，調査研究以外に研究手法を拡張して，援助要請に関わる各要素の詳細なメカニズムを検討することが役立つだろう。同様に，評価指標の拡張も必要である。地域での実践では，対象者自身による主観評定だけでなく，地域レベルの評価指標（実際にある相談室に来談する人数の変化など）や，活動のプロセス評価の指標（キャンペーンが地域の何割の人に届いたのかなど）といった面も測定することで，活動の有効性や課題を多面的に評価することが可能となる（たとえば，安田，2011などが参考になる）。

■様々なレベルでの協働

援助要請の促進について，基礎研究を実際のプログラムに展開するために

は，多領域の知見が必要である。たとえば，地域での援助要請促進の展開について考える際には，心理学だけでなく公衆衛生学や予防医学，行動医学などの知見が必要となる。したがって，心理学以外の領域の研究者・実践者と協働していくことが重要である。同様に，心理学の中でも，臨床心理学，実験心理学，社会心理学など専門性の異なるチームによるアプローチによって，援助要請をより多角的に検討していくことができるだろう。

付記：本稿の作成にあたり，科学研究費15K04123基盤研究（C）「メンタルヘルスケア受療行動の最適化のための受診勧奨・心理教育プログラムの開発」の適用を受けた。

引用文献

Ajzen, I. 1985 From intentions to actions: A theory of planned behavior. In J. Kuhl & J. Beckman (Eds.) *Action-control: From cognition to behavior.* 11-39, Heidelberg: Springer.

Bruffaerts, R., Demyttenaere, K., Hwang, I., Chiu, W. T., Sampson, N., Kessler, R. C., ...Nock, M. K. 2011 Treatment of suicidal people around the world. *British Journal of Psychiatry*, **199**, 64-70.

Fishbein, M. & Ajzen, I. 1975 *Belief, attitude, intention, and behavior: An introduction to theory and research.* Reading, MA: Addition-Wesley.

Fischer, E. H. & Turner, J. I. 1970 Orientations to seeking professional help: Development and research utility of an attitude scale. *Journal of Consulting and Clinical Psychology*, **35**, 79-90.

Green, L. W., Richard, L., & Potvin, L. 1996 Ecological Foundations of Health Promotion. *American Journal of Health Promotion*, **10**, 270-281.

Gulliver, A., Griffiths, K. M., Christensen, H., & Brewer, J. L. 2012 A systematic review of help-seeking interventions for depression, anxiety and general psychological distress. *BMC Psychiatry*, 12:81 http://www.biomedcentral.com/1471-244X/12/81

厚生労働省 2013 国民の健康の増進の総合的な推進を図るための基本的な方針．平成24年7月10日厚生労働省告示430号
http://www.mhlw.go.jp/bunya/kenkou/dl/ kenkounippon21_01.pdf

Li, W., Dorstyn, D. S., & Denson, L. A. 2014 Psychosocial correlates of college students' help-seeking intention: A meta-analysis. *Professional Psychology: Research and Practice*, **45**, 163-170.

Lipson, S. K. 2014 A comprehensive review of mental health gatekeeper-trainings for adolescents and young adults. *International Journal of Adolescent Medicine and Health*, **26**, 209-320.

Nam, S. K., Choi, S. I., Lee, J. H., Lee, M. K., Kim, A. R., & Lee, S. M. 2013 Psychological factors in college students' attitudes toward seeking professional psychological help: A meta-analysis. *Professional Psychology: Research and Practice*, **44**, 37-45.

National Cancer Institute　2005　*Theory at a grance: A guide for health promotion practice*（Second edition）. Maryland（U. S. Department of Health and Human Services, National Institutes of Health）

Prochaska, J. O. & DiClemente, C. C.　1983　Stages and processes of self-change of smoking: Towards an integrative model of change. *Journal of Consulting and Clinical Psychology*, **51**, 390-395.

Rosenstock, I. M.　1974　Historical origins of the health belief model. *Health Education Monographs*, **2**, 328-335.

Schomerus, G., Auer, C., Rhode, D., Luppa, M., Freyberger, H. J., & Schmidt, S.　2012　Personal stigma, problem appraisal and perceived need for professional help in currently untreated depressed persons. *Journal of Affective Disorders*, **139**, 94-97.

Wright, A., McGorry, P. D., Harris, M.G., Jorm, A. F., & Pennell, K.　2006　Development and evaluation of a youth mental health community awareness campaign: The Compass Strategy. *BMC Public Health*, **6**, 215. http://www.biomedcentral.com/1471-2458/6/215

安田節之　2011　プログラム評価——対人・コミュニティ援助の質を高めるために. 新曜社.

「内科」で働いていると，同僚から，「患者さんの多くは，カウンセラーの利用をためらう」という言葉をよく耳にする。

「患者さん」は，医療従事者から「カウンセラー」のことを"話をよく聞いてくれる人"という言葉で紹介されることが多いようだ。その際，「患者さん」は，"大丈夫です""自分には必要ない"と答えることが多いという。しかし，実際に会ってみると，趣味や日常の話，療養生活や人生をめぐる様々な心配や不安が語られることもある。こうした「語り」が「治療への主体的な意思決定」につながるならば，そのために何らかの工夫を行うことの意義は大きい。

病棟ならば，（同僚の理解を得て）「患者さん」に顔を覚えてもらう。または，定期的に病室を訪問し「ご挨拶に来ました」と声をかけることもある。長く居続けることはしない。それでも「定期的」に会っていると，ある日，「患者さん」は「Aさん」となり，「カウンセラー」は「Bさん」となる。自然な会話が生起するのである。外来ならば，診察後，同僚から「スタッフ紹介」という形でお会いすることも可能だろう。または，カルテを閲覧したり，カンファレンス（症例検討会）で積極的に発言したり，「何かご用はありませんか？」と同僚に尋ねることもできる。

「慌ただしい」なかにあって，第三者ではなく，「気にかかる」「気にとまる」存在であること——この「援助／被援助」ともいいきれない「曖昧さ」は，「援助要請」を考えていく上で重要な示唆を与えてくれるものといえよう。

Coffee Break

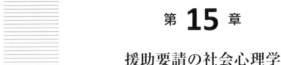

第 **15** 章

援助要請の社会心理学

橋本　剛　Takeshi Hashimoto

● ⊙ ●
1. はじめに

　本書で論じてきた援助要請の諸相に垣間見える相互扶助の複雑性は，人間を人間たらしめる最たる特徴のひとつでもある。人間以外の動物でも助け合いに類する行動は行われるが，人間ほど大規模かつ多種多様な援助行動や協力行動を行う動物はほかにいない。また，人間が現代社会のような高度な文明・文化を構築することができたのは，それらの助け合いの積み重ねの賜物でもある。たとえば，文化の基盤となる人間の高次脳機能は，生理的早産ともいわれる危険な出産や，長期にわたる養育と表裏一体であり，それらの困難な課題を乗り越えるためには，妊娠・出産・育児という長期にわたって，さまざまな人々との多種多様の支え合いが必要不可欠である。

　互恵的な利他行動や援助行動が，血縁関係のみならず非血縁関係においても相互の適応度を高めうることは，近年の進化心理学的議論においても数多く指摘されている。特定関係において双方が利他的かつ返報的に振る舞うことによって双方の適応が促されるという互恵的利他主義（reciprocal altruism: Trivers, 1971），不特定多数の関係においても社会的評判を介して利他行動や協力行動が促進されうるという間接互恵性（indirect reciprocity: Nowak & Sigmund, 1998）などは，その代表的な観点である。互恵的利他主義（特定互酬性ともいわれる）を意味する「お互い様」，間接互恵性（一般互酬性ともいわれる）を意味する「情けは人の為ならず」という言い回しが深く根づいていることからも，人間社会において，助け合いは日常的かつ普遍的な営みであることがうかがえよう。

　そして，助け合いが人間の本質であるならば，援助要請もまた人間の本質

なのかもしれない。しかし，本書サブタイトルにもあるように，「困っていても助けを求め（られ）ない」ことは実際に少なからずある。それでは，そこで何が援助要請を促進／抑制しているのであろうか。そして，援助要請の抑制は，不合理で不適切な選択なのであろうか。それらの疑問を含め，本章では社会心理学の観点を中心に，援助要請を左右する諸要因について，改めて概観する。

● ◎ ●
２．援助要請プロセスを左右する社会的要因

⑴　援助要請プロセスの背景にあるもの

　本書ではここまで，援助要請の意思決定にまつわるいくつかのプロセスモデルが呈示された（第２，７，８，９，13章など参照）。ここで高木（1998）による援助要請のプロセスモデル（図15-1）を例に挙げて，援助要請プロセスについて再度考えてみよう。このモデルに則れば，援助要請の生起プロセスには，①問題への気づき（問題に気づかなければ援助要請は行われない），②問題の重大性判断（重大でなければ援助要請は行われない），③自己解決能力の判断（自己解決可能であれば援助要請は行われない），④援助要請の意思決定（援助を要請する／しないことによる利得とコストに基づく判断），⑤潜在的援助者の探求（援助してくれる人を見つける），⑥援助要請方略の検討（どのように援助を要請するかの検討），⑦援助要請の評価（実行された援助要請を相手がどう受け止めたかの判断），という７段階が含まれている。もちろん，これはあくまで典型例としてのモデルであり，実際にはこのモデルどおりにいかない側面も多々あろうが，少なくとも援助要請が複合的に規定される複雑な意思決定であることはうかがえる。

　さて，援助要請にはそのようなプロセスがあるとして，その各段階での判断は，どのような要因に規定されるのであろうか。その少なからずの側面が，社会文化的要因の影響を受けているであろうことは想像に難くない。たとえば，「①問題への気づき」や「②問題の重大性判断」においては，自身による問題認識のみならず，それを他者や世間一般がどのように評価するかも重要なポイントとなる。たとえ自身にとっては重大であっても，世間的にその

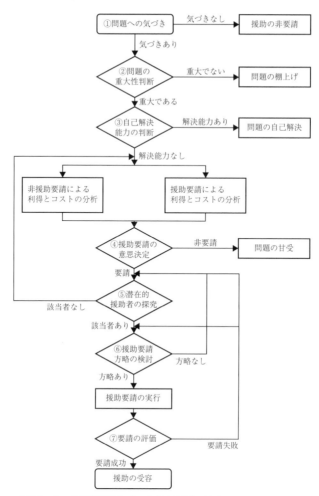

図15-1　援助要請のプロセスモデル（高木，1998を一部改変）

重大性が低く見積もられやすい問題の場合は，そこで援助要請することの正当性にも疑念をもたれやすくなるからである。本書で論じてきた援助要請とは多少異なる部分もあるが，クレーマーや，いわゆる「新型うつ」などの現代的諸問題は，この観点にまつわる問題とも考えられる。

　また，「③自己解決能力の判断」は，有能感と連動する自尊心によって左右される部分もあるであろう。そして，自尊心とは，他者や社会とは無関係の個人差要因にすぎない，というわけではない。ソシオメーター仮説

(Leary et al., 1995) などで論じられているように，自尊心などの自己評価は，進化のプロセスを通じて形成された，他者や社会からの受容度のモニタリングシステムとしての側面がある。すなわち，自尊心や有能感の高さは，他者からの受容や肯定的評価によって規定されるところも大きい。つまり，自己解決能力の評価もまた，自身に対する他者や社会からの評価を潜在的に反映したものなのである。さらに，「⑤潜在的援助者の探求」が，本書でも随所で言及されてきたサポート・ネットワークの様相や，援助要請にまつわる社会文化的な規範やスクリプトによって少なからず影響されることも，いうまでもないであろう。

　要するに，援助要請のプロセスは，問題に直面している個人の主体的要因のみならず，その人をとりまく社会文化的要因にも，少なからず規定されるのである。そこで次に，援助要請と関連する代表的要因である自尊心，性差，文化差，そして互恵性（規範）について，そのような社会文化的背景も含めつつ論じることとする。

⑵　援助要請と自尊心

　本書でも随所で言及されてきたように，援助要請の抑制が，自尊心／自尊感情 (self-esteem) の低下を防ぐために生じるのではないかという言説は数多い。その代表的な言説である自尊心脅威モデル (threat-to-self-esteem model: Fisher et al., 1982) によれば，援助要請は文脈次第では要請者の脆弱性や無能さの反映と解釈されて，要請者の自尊心を傷つけることになりかねないので，そのような懸念がある場合に援助要請は抑制されやすくなるものと考えられる。ここから，高自尊心者は自己認識と矛盾する自尊心低下という事態を回避するために，援助要請を抑制しやすいであろうと想定される。援助要請の理由が，内的要因でなく外的要因に原因帰属（理由づけ）されるときのほうが援助要請は行われやすい (Tessler & Schwartz, 1972) という知見も，外的帰属のほうが自尊心への悪影響が小さいであろうことと連動している。

　ただしその一方で，「自尊心が低いほど，さらに傷つくのを避けるために援助要請を抑制する」という，脆弱性（傷つきやすさ）仮説という考え方もあり (Tessler & Schwartz, 1972)，自尊心と援助要請の関連パターンは，その他の要因との組み合わせや文脈によるところが大きいようである。たとえば

ナドラー（Nadler, 2015）によれば，援助者と被援助者の類似性が高いときや，互恵的な援助授受が難しいと予期されるときに，高自尊心者は援助要請を抑制しやすい傾向にある。すなわち，対等な地位関係が損なわれるおそれがあるときに，援助要請は自尊心の脅威となりやすいということであり，これは後述する援助授受と地位に関する議論とも連動する。

(3) 援助要請の性差

　先行研究（永井, 2010; Rickwood et al., 2005; Schonert-Reichl & Muller, 1996），および第2章をはじめ本書でも随所で指摘されているように，女性より男性のほうが援助要請を抑制しやすいという性差は，時代や地域，文化を問わず指摘されている。また，この性差は異性間援助要請において特に顕著になるという議論もあり，たとえばナドラーら（Nadler et al., 1982）では，女性は魅力的な男性に援助要請を行いやすく，それに対して男性は魅力的な女性への援助要請を抑制しやすいことが示されている（図15-2）。

　援助要請の性差の理由としてまず挙げられるのは，男性に自律的な達成や独立を，女性には協調性を求める伝統的性役割観の影響である（Addis & Mahalik, 2003; Galdas et al., 2005; Nadler et al., 1984）。すなわち，「男たるもの，他人に頼らず自力で困難を克服しなければならない」という伝統的性役割が

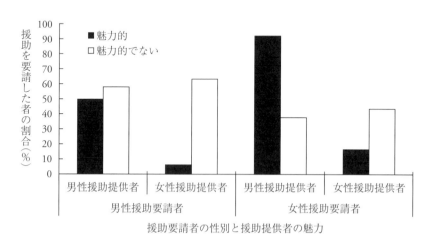

図15-2　援助要請者の性別・援助提供者の性別・援助提供者の魅力による援助要請傾向（Nadler et al., 1982より作成）

あると，男性の援助要請はそれに反するものとして抑制されやすくなるであろう（橋本，2005）。同様の議論として，好意的セクシズム（benevolent sexism）との関連も指摘されている。好意的セクシズムとは，「女性は男性に守られるべきである」など，主観的には好ましい感情を有するかのようなニュアンスで女性をステレオタイプ的に見なし，その役割を制限するような性差別主義的態度のことである（Glick & Fiske, 1996）。シュナベルら（Shnabel et al., 2016）は，このような好意的セクシズムが，女性の男性に対する依存的援助要請（被援助者の問題解決を援助者に全面的に委ねるような援助要請）を促進しうることを指摘している。

　それでは，女性は他者に頼ることが性役割として規範化されているがゆえに，男性よりも援助要請に積極的なのだろうか。もちろん，その可能性もあり得るが，別の興味深い解釈もある。それは，女性は男性よりも問題や困難を解決・克服することに積極的であるがゆえに，そのオプションのひとつとして援助要請にも前向きなのかもしれない，という可能性である（Nadler, 2015）。文脈は異なるものの，女性は男性よりも問題解決に積極的（逆に男性は消極的・回避的）というのは，恋愛関係における葛藤対処方略研究などでも指摘されている（和田，2000）。種々の問題や困難に直面したときの対処において，「積極的か消極的か」と「他者に頼るか頼らないか」というのは基本的に別次元であり，その点を整理してさらに検討する必要がある。

⑷　援助要請の文化差

　援助要請には文化差もあり，たとえばヨーロッパ系アメリカ人と比べて，日本を含め東アジア人は援助要請を抑制しやすい（橋本ら，2007）。アメリカは個人主義，東アジアは集団主義という俗説からすると意外かもしれないが，この文化差は，東アジア人の関係懸念（relationship concern: 集団の和を乱したくない，面子を失いたくないなどの包括的概念）の高さゆえに生じているという可能性が指摘されている（Kim et al., 2006; Taylor et al., 2004）。東アジア人の典型的な文化的自己観である相互協調的自己観（interdependent self-construal: Markus & Kitayama, 1991）を維持するためには，対人関係の調和が最優先課題であり，それにもかかわらず援助要請することは，調和を脅かす行為として他者からネガティブに評価される懸念があるので抑制されや

すい，ということである。

　ただし，関係懸念は，自己へのネガティブ評価を回避したいという利己的動機のみならず，他者に迷惑や負担を掛けたくないという利他的動機に由来するとも考えられる（橋本，2012）。援助要請という行為には，自己の不利益軽減や利得獲得のために必要なコスト負担を他者に求めるという側面もあり，援助要請をなるべく抑制すれば，たとえ自己の不利益は軽減されなくとも，他者に余計な負担をかけずにすむ，とも考えられるからである。実際に，たとえばヨーロッパ系カナダ人と日本人における援助要請規範とコスト知覚の関連を検討したイトウら（Ito et al., 2015）では，日本人は援助要請に伴う関係コスト（相手とのトラブル可能性）が高いほど，そのような援助要請を規範に反するものと評価する傾向を示したが，カナダ人ではそのようなパターンは示されなかった。

　また，東アジアは北米に比べて「義理」「恩返し」を重視する互恵性規範が相対的に強く，同時にその規範から逸脱してしまうことの社会的リスクも高いので，そのような事態を未然に回避するための方策として，なるべく援助授受を抑制しようとするのではないか，という可能性も考えられる。実際にシェンら（Shen et al., 2011）では，北米人に比してアジア人は知人との贈与交換において互恵性規範を喚起しやすく，互恵的でない（過剰利得の）場合の負債感を回避するために贈り物を拒否しやすいことが見出されている。

⑸　援助要請と互恵性

　ただし，その強度に文化差はあるものの，互恵性（reciprocity）はあらゆる社会や対人関係でみられる通文化的・通時代的なパターンでもある。互恵性規範の重要性は古くから指摘されており（Gouldner, 1960），社会心理学においても，「人は他者とのやりとりが不均衡・不公正である状態を不快に感じ，なるべくその不快感を最小化しようとする」という衡平理論（equity theory: Walster et al., 1973）は，社会的交換理論（social exchange theory）の基本的命題となっている。過度の援助要請が負債感や自尊心低下などのネガティブな心理的状態を招いてしまうのは，それが互恵性規範に反するフリーライダー的な振る舞いと（自他双方によって）見なされかねないから，という側面も少なからずある。

　ところで，従来の援助行動研究において，互恵性規範はその他の様々な援助規範（弱者救済規範など）と並んで，援助（提供）行動を促す社会規範のひとつとして位置づけられることが多い（松井，1998）。しかしその一方で，互恵性規範と援助要請の関連については，これまであまり論じられていない。はたして互恵性規範は，援助要請にどのような影響を及ぼしうるのであろうか。

　そこで考えられるのは，互恵性規範が援助要請の直接的な促進／抑制要因となるよりも，むしろ，援助要請と貢献感（自身が他者のために役に立っていると感じる程度）の調整要因として機能するという可能性である。

　ここにはまず，貢献感と援助要請に正の相関があるという前提がある。前述のように，貢献感が低いにもかかわらず過度の援助要請・援助受容をしてしまうことは，互恵性規範に反するものとして自分自身でもネガティブ感情を喚起するのみならず，他者からもフリーライダーと見なされるなどの否定的評価を招きかねない。そこで，そのような事態をあらかじめ回避するために，貢献感が低いほど援助要請は抑制されやすくなると推測されるからである。

　ただし，その関連は対人関係や集団の互恵性規範によって調整されるであろう。もし，所与の対人関係や集団における互恵性規範が弱ければ，たとえ互恵性規範から逸脱しても，それが他者からの否定的評価を招く必然性もまた弱くなると考えられるからである。したがって，貢献感と援助要請の正の関連は，互恵性規範が強いほど増幅されると予測される。

　橋本（2015）はこのような予測の元に，職場の対人関係における貢献感と互恵性規範が援助要請傾向に及ぼす影響について検討した。その結果，予測どおり，貢献感と援助要請傾向には正の関連が示され，さらに貢献感と援助要請傾向の正の関連は，集団における互恵性規範の主観的認識によって増幅された。すなわち，集団規範として返報必要規範（「何かしてもらったらお返しすべき」という規範）が強く，返報不要規範（「何かしてもらってもお返ししなくてもよい」という規範）が弱いと認識されている場合は，それ以外の場合よりも貢献感と援助要請傾向の正の関連がより顕著であった（図15-3）。この知見は「恩返しは大切」という互恵性規範の強調が，種々の資源を有する社会的強者に対しては援助要請を促進する方向に働く一方で，資

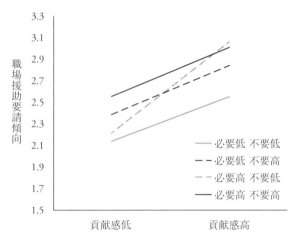

図15-3　職場における貢献感と互恵性規範による援助要請傾向 （橋本，2015より作成）

グラフ凡例:
- 必要低　不要低
- 必要低　不要高
- 必要高　不要低
- 必要高　不要高

縦軸：職場援助要請傾向
横軸：貢献感低　貢献感高

源に欠ける（そしておそらく援助へのニーズも高いであろう）社会的弱者に対しては，かえって援助要請を抑制するような方向に働きかねないことを示唆している。

● ⊙ ●
3．援助要請と社会的地位

⑴　援助授受は社会的地位と連動する

　これまで論じてきたように，あらゆる対人関係において，援助のニーズが高いであろうにもかかわらず援助要請／援助提供が抑制されることは少なくない。しかしその一方で，さして援助要請もなく，援助のニーズすらないにもかかわらず，援助行動が行われることもある。それでは人はなぜ，頼まれてもいないのに，気前よく資源を提供したり，積極的に手助けしようとしたりするのだろうか。それは単に援助する人々の優しさの反映なのだろうか。

　従来の研究において，援助行動とは，援助者の共感やケアといった好ましい心理的特徴の表出としての向社会的行動と見なされることが一般的であった。しかし，ナドラーとハラビ（Nadler & Halabi, 2014）は，援助授受が資源や地位の不均衡と連動しうるという，これまで見落とされがちであったが

第Ⅳ部　援助要請研究の応用と展開

重要な観点を呈示している。すなわち，他者への援助提供は資源や地位の優越性を背景としており，同時に肯定的評判や尊敬の獲得や維持，自己価値感の向上と結びつく。一方，他者からの援助に頼ることは，自身の資源不足を背景としており，低地位の甘受や尊敬の喪失につながりかねない，ということである。

⑵　援助の種類と社会的地位

　この議論と関連して，近年の援助要請研究では，自律的援助と依存的援助という区分も注目されている（Alvarez & van Leeuwen, 2011; Nadler, 2002, 2015; 瀬尾，2007）。自律的援助（autonomy-oriented help）とは，被援助者が自力で問題解決するため必要最小限のツールやヒントを提供するに留めるような援助であり，それに対して依存的援助（dependency-oriented help）とは，被援助者の問題を援助者側が全面的・根本的に解決するような援助のことである。たとえるなら，空腹で食料を求めている人に釣り竿を与えるのが自律的援助，料理した魚を与えるのが依存的援助，といえようか。そしてこの分類は，援助授受と社会的地位の関連を考える上で重要なポイントのひとつとなる。

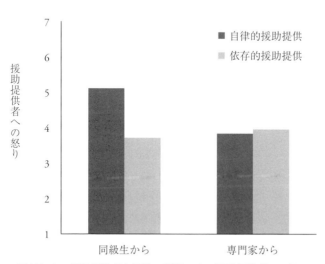

図15-4　援助提供者と援助の種類による援助提供者への怒り
（Alvarez & van Leeuwen, 2011より作成）

たとえば，アルヴァレスとヴァン ルーウェン（Alvarez & van Leeuwen, 2011）の実験では，参加者は難しいパズル課題に取り組み，そこでパズルの専門家もしくは同級生から，自律的援助もしくは依存的援助のいずれかの援助を受けた。その結果，援助提供者に対する感情評価において，援助者と援助内容の交互作用効果が示された（図15-4）。すなわち，同級生から自律的援助を受けた場合は，その他の場合よりも怒りが高く，尊敬や信頼が低かった。この結果は，同地位者からの自律的援助が，対等であるはずの地位関係にそぐわない「上から目線」の援助とみなされて，不快感を生じさせたのではないかと推測される。

(3)　社会的地位による援助要請の意味づけ

　本書でも援助要請とスティグマに関する議論が少なからず展開されてきたように，援助要請はさまざまな意味でネガティブに見なされることも多い。しかし，社会的地位などによっては，援助要請がポジティブに見なされることもある，という知見もある（Nadler & Chernyak-Hai, 2014）。この研究では原因帰属理論などを援用して，援助要請者の社会的地位やパフォーマンス期待によって，援助要請の理由づけや援助要請者に対する感情，そして提供される援助の種類が規定されるという仮説が提唱されている。すなわち，低地位者の援助要請に対しては，能力や動機づけの低さといった安定的・内的・統制不可能な原因帰属がなされやすく，そこで援助要請された者は，憐憫の情や社会的責任感から，依存的援助を提供しやすい。一方，高地位者からの援助要請には，外部からの妨害などといった不安定的・外的・統制不可能な原因帰属がなされやすく，援助要請を受けた者は援助要請者の苦境に対する同一視によって，自律的援助を提供しやすいであろうと推測される。

　それらの仮説を検証するために，たとえば居住地域情報によって被援助者の社会経済的地位を操作した研究では，低地位被援助者に対しては依存的援助（88％）が，一方で高地位被援助者には自律的援助（76％）が提供されやすかった。また，低地位被援助者では援助要請の有無による能力評価に差はなかったが，高地位被援助者では援助要請したほうが，むしろ能力が高いと評価された（図15-5）。その他の研究でも，全般的に弱者の援助要請は弱さや資源不足の反映と見なされて哀れむような援助が提供されやすい一方で，

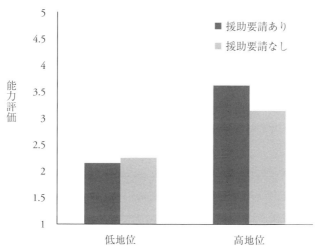

図15-5　社会的地位と援助要請の有無による能力評価
(Nadler & Chernyak-Hai, 2014, study 2より作成)

強者の援助要請はその人の強さや積極性の反映と見なされやすいことが示された。

　先述した日本人の援助要請抑制傾向についても，日本人は自己卑下的であるがゆえに自身の地位を低く評価しやすく，それゆえに援助要請をネガティブに認識しやすいのかもしれない。

⑷　集団間援助要請と社会的地位

　さらに，社会内から国家間にまで適用されうるであろう，集団間における援助授受のモデルとして，ナドラー（Nadler, 2002）は地位関係としての集団間援助（intergroup helping as status relations: IHSR）モデルを提唱している。これは簡潔にいえば，援助の要請・授受を通じて，集団間関係における優越性の確立や変革が生じうるというモデルである（図15-6）。高地位集団から低地位集団への依存的援助提供は，地位の序列を一層強固にする（不均衡を正当化する）こととなる。低地位集団が依存的援助の要請・受容に積極的であることは，暗黙のうちに地位の不均衡をも受容することとなり，それに対して集団間での社会的均衡を達成したいという欲求に動機づけられていると，依存的援助の要請・受容に対して消極的・拒否的になる。

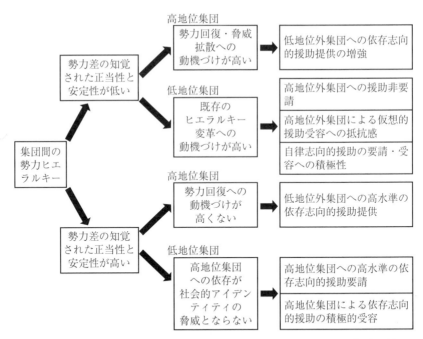

図15-6　集団間勢力関係の知覚された正当性と安定性による集団間援助関係
（Nadler, 2002より作成）

　ナドラーとハラビ（Nadler & Halabi, 2006）では，IHSR モデルの主要仮説を支持する結果が得られている。すなわち，地位関係が不安定，かつ高地位集団への依存が低地位集団の地位的均衡への動機づけを阻害するようなときには，関係が安定的な場合と比べて，低地位集団メンバーは高地位集団からの依存的援助提供に対してネガティブな反応を示した。

　援助授受という一見向社会的に思われる行為によって，不均衡な地位関係が維持・増強されるというメカニズムは，女性に対する一見好意的な態度が，かえって男女格差の維持に寄与するという，先述した好意的セクシズムの議論とも類似している。意図的であれ無意図的であれ，援助授受には相互扶助や愛他性といった向社会的側面のみならず，地位や勢力といった階層的側面も含まれており，さらにそのメカニズムは個人間に留まらず，集団間にも適用されうる。これらもまた，人々が援助要請に慎重になり，抑制してしまう背景要因のひとつとして考慮されるべき観点であろう。

● ◎ ●
4．おわりに

　本章では，身近な対人関係における援助授受から，専門的で臨床実践的な援助授受に至るまで，さまざまな援助要請に適用されうるであろう，その背景としての社会心理学的論点を提示することを試みた。端的にいえば，専門性を含めて社会的地位の上下関係に基づくような援助授受は，依存的援助をエスカレートさせて，階層の構築・固定化をもたらしかねない。かといって，互恵性規範や自律的援助を過度に肯定視する風潮は，事実として存在する資源格差を矮小化してしまうとともに自己責任論の拡大解釈を招いて，援助ニーズが高いであろう社会的弱者の援助要請を，かえって抑制してしまう方向に働きかねない。個人間から集団・社会間に至るまで，援助授受の意味づけは多義的であることを踏まえると，「援助要請はその種類や文脈を問わず，常に促進されるべき」というのも非現実的な極論であり，その適正なあり方については，文脈や価値観の多様性に配慮しつつ，多面的な観点から論じられるべきであろう。

引用文献

Addis, M. E. & Mahalik, J. R.　2003　Men, masculinity, and the contexts of help seeking. *American Psychologist*, **58**, 5-14.

Alvarez, K. & van Leeuwen, E.　2011　To teach or to tell? Consequences of receiving help from experts and peers. *European Journal of Social Psychology*, **41**, 397-402.

Fisher, J. D., Nadler, A., & Whitcher Alagna, S.　1982　Recipient reactions to aid. *Psychological Bulletin*, **91**, 27-54.

Galdas, P. M., Cheater F., & Marshall, P.　2005　Men and health help-seeking behavior: Literature review. *Journal of Advanced Nursing*, **49**, 616-623.

Glick, P. & Fiske, S. T.　1996　The Ambivalent Sexism Inventory: Differentiating hostile and benevolent sexism. *Journal of Personality and Social Psychology*, **70**, 491-512.

Gouldner, A. W.　1960　The norm of reciprocity: A preliminary statement. *American Sociological Review*, **25**, 161-178.

橋本　剛　2005　対人関係に支えられる．和田　実編著　男と女の対人心理学．137-158, 北大路書房.

橋本　剛　2012　なぜ「助けて」といえないのか？――援助要請の社会心理学．吉田俊和・橋本　剛・小川一美編著　対人関係の社会心理学．145-166, ナカニシヤ出版.

橋本　剛　2015　貢献感と援助要請の関連に及ぼす互恵性規範の増幅効果．社会心理

学研究, **31**, 35-45.

橋本 剛・今田俊恵・北山 忍 2007 日米における援助要請傾向——日常的援助と専門的援助の両側面から. 日本心理学会第71回大会発表論文集, **74**.

Ito, K., Masuda, T., Komiya, A., & Hioki, K. 2015 Seeking help from close, same-sex friends: Relational costs for Japanese and personal costs for European Canadians. *Journal of Social and Personal Relationships*, **32**, 529-554.

Kim, H. S., Sherman, D. K., Ko, D., & Taylor, S. E. 2006 Pursuit of comfort and pursuit of harmony: Culture, relationships, and social support seeking. *Personality and Social Psychology Bulletin*, **32**, 1595-1607.

Leary, M. R., Tambor, E. S., Terdal, S. K., & Downs, D. L. 1995 Self-esteem as an interpersonal monitor: The sociometer hypothesis. *Journal of Personality and Social Psychology*, **68**, 518-530.

Markus, H. R. & Kitayama, S. 1991 Culture and the self: Implications for cognition, emotion, and motivation. *Psychological Review*, **98**, 224-253.

松井 豊 1998 援助行動の意思決定過程モデル. 松井 豊・浦 光博編 人を支える心の科学. 79-113, 誠信書房.

Nadler, A. 2002 Inter-group helping relations as power relations: Maintaining or challenging social dominance between groups through helping. *Journal of Social Issues*, **58**, 487-502.

Nadler, A. 2015 The other side of helping: Seeking and receiving help. In D. Schroeder & W. Graziano (Eds.) *The Oxford handbook of prosocial behavior.* 307-328, New York: Oxford University Press.

Nadler, A. & Chernyak-Hai, L. 2014 Helping them stay where they are: Status effects on dependency/autonomy-oriented helping. *Journal of Personality and Social Psychology*, **106**, 58-72.

Nadler, A. & Halabi, S. 2006 Intergroup helping as status relations: Effects of status stability, identification, and type of help on receptivity to high-status group's help. *Journal of Personality and Social Psychology*, **91**, 97-110.

Nadler, A. & Halabi, S. 2014 Helping relations and inequality between individuals and groups. In M. Mikulincer & P. R. Shaver (Eds.) *APA handbook of personality and social psychology: Vol. 2. Group processes.* 371-393, Washington, DC: American Psychological Association.

Nadler, A., Maler, S., & Friedman, A. 1984 Effects of helper's sex, subjects' androgyny, and self-evaluation on males' and females' willingness to seek and receive help. *Sex Roles*, **10**, 327-339.

Nadler, A., Shapira, R., & Ben-Itzhak, S. 1982 Good looks may help: Effects of helper's physical attractiveness and sex of helper on male's and female's help-seeking behavior. *Journal of Personality and Social Psychology*, **42**, 90-99.

永井 智 2010 大学生における援助要請意図——主要な要因間の関連から見た援助要請意図の規定因. 教育心理学研究, **58**, 46-56.

Nowak, M. A. & Sigmund, K. 1998 Evolution of indirect reciprocity by image scoring. *Nature*, **393**, 573-577.

Rickwood, D., Deane, F. P., Wilson, C. J., & Ciarrochi, J. 2005 Young people's help-seeking for mental health problems. *Australian e-Journal for the Advancement of Mental Health*, **4**, 1-34.

Schonert-Reichl, K. A. & Muller, J. R.　1996　Correlates of help-seeking in adolescence. *Journal of Youth and Adolescence*, **25**, 705-731.

瀬尾美紀子　2007　自律的・依存的援助要請における学習観とつまずき明確化方略の役割――多母集団同時分析による中学・高校生の発達差の検討. 教育心理学研究, **55**, 170-183.

Shen, H., Wan, F., & Wyer Jr., R. S.　2011　Cross-cultural differences in the refusal to accept a small gift: The differential influence of reciprocity norms on Asians and North Americans. *Journal of Personality and Social Psychology*, **100**, 271-281.

Shnabel, N., Bar-Anan, Y., Kende, A., Bareket, O., & Lazar, Y.　2016　Help to perpetuate traditional gender roles: Benevolent sexism increases engagement in dependency-oriented cross-gender helping. *Journal of Personality and Social Psychology*, **110**, 55-75.

高木 修　1998　人を助ける心――援助行動の社会心理学. サイエンス社.

Taylor, S. E., Sherman, D. K., Kim, H. S., Jarcho, J., Takagi, K., & Dunagan, M. S.　2004　Culture and social support: Who seeks it and why? *Journal of Personality and Social Psychology*, **87**, 354-362.

Tessler, R. C. & Schwartz, S. H.　1972　Help seeking, self-esteem, and achievement motivation: An attributional analysis. *Journal of Personality and Social Psychology*, **21**, 318-326.

Trivers, R. L.　1971　The evolution of reciprocal altruism. *Quarterly Review of Biology*, **46**, 35-57.

和田 実　2000　大学生の恋愛関係崩壊時の対処行動と感情および関係崩壊後の行動的反応――性差と恋愛関係進展度からの検討. 実験社会心理学研究, **40**, 38-49.

Walster, E., Berscheid, E., & Walster, G. W.　1973　New directions in equity research. *Journal of Personality and Social Psychology*, **25**, 151-176.

災害支援と援助要請

久田 満　Mitsuru Hisata

　大災害に襲われた地域では，人々の行動が歪曲されたり，尖鋭化されたりする。援助行動や援助要請行動も例外ではない。

⊙命にかかわる急性期の援助要請

　右の写真は，東日本大震災発生の2日後に発行された読売新聞特別夕刊に掲載されたものである。なぜ，これほどまでに強烈かつ明白な援助要請行動が起きたのだろうか。理由は少なくとも4つ考えられる。

　まず第一に，人の，しかも多くの人々の「命」に関わることだったからである。「命」を救うことは他の何よ

写真　屋上に「S.O.S.」の文字を掲げて援助を求める医療機関（2011年3月13日付読売新聞特別夕刊より）

りも優先される尊いことだという共通認識が背景にある。テロや内紛が続き，人命が軽んじられているようにも思える昨今の世界情勢ではあるが，おそらくこの認識は世界共通であろう。第二に，一刻を争う緊急事態であったからである。医薬品はもとより，水や食糧も不足し，一分一秒が無駄にできない状況であった。第三に，助けを求めているのは援助が必要な当事者ではなく，むしろそのような人（この場合は患者）を守るという職業ないし使命を担った人々（この場合は医師や看護師など）であったことも大きいのではないか。自分一人のニーズを満たすための援助要請ならば何らかの理由で控えたかもしれないが，患者の命を守ることが時として自分の命を守ることよりも優先されうるような切羽詰まった状況では援助要請が生起しやすい。そして第四に，集団での援助要請だったことも影響していると思われる。一人では様々な理由で遠慮するようなことでも，集団となることで一種の社会的促進現象が起き，助けてほしいと叫ぶことができたのだろう。

　この事例のように，震災発生直後の被災地では，多くの人が躊躇なく援助要請を行っていた。「何か食べるものをください！」「瓦礫の下に埋もれているわが子を救い出してください！」「救急車を呼んでください！」。しかし，その一方で，このような極限状況にあっても助けてほしいと言えなかった，あるいは言いたくなかった人もいた。

福島県の沿岸部の街で知り合った一人暮らしの高齢女性は，東京電力福島第一原子力発電所の爆発事故の直後，市役所の広報車が繰り返し呼びかける避難勧告を無視し，長年住み慣れたわが家に居続けたという。彼女との会話から理由を推測した。彼女は90年近く生きてきたからなのか命に対する執着が希薄で，死にたいというわけではないが無理してまで長生きしたくないようだった。また，何年か前にご主人に先立たれ，子どもや孫はすでに家から離れたところで独立しており，自分が守るべき人は近くにはいなかったことも彼女の意思決定を左右した。命に関わる放射能に関しても，目に見えないものであり，その危険性が実感できなかったという。そのことも避難しなかった理由のひとつであろう。さらに付け加えると，一人だけの状況では助けを求める気力が湧かなかったのかもしれない。

　病院の屋上に「S.O.S.」と掲げて援助を求める医療者集団と，一人暮らしの高齢者の比較には多少の無理があるかもしれないが，適切な援助要請の促進方法を考える際のヒントになるように思える。

⊙ 援助拒否行動

　2011年5月のゴールデンウィーク中のJR仙台駅は，全国，いや全世界から集まってきたボランティアでごった返していた。その頃が被災地に向かうボランティア数のピークだった。1年後には10分の1にまで減少したらしい（全国社会福祉協議会，2012）。震災直後は命を守るための援助要請が活発化したが，その危機状況がひと段落すると，被災地には有形無形の援助が大量になだれ込んだ。自衛隊，警察官，消防職員，災害派遣医療チーム（DMAT）や国境なき医師団等の医療関係団体などや，これらの陰で必死にがんばっていた役所の事務職員などの公的支援はもとより，単独で被災地に乗り込むボランティアによる様々な私的支援も相当な量にのぼった。自衛隊のヘリコプターで救出される被災者や汗をふきふき瓦礫を片付ける若者たちの様子がテレビに映し出されて，観る者に感動を与える。

　そのような「美談」の陰で，いわば「ありがた迷惑」ともいえる支援も大量に提供された。提供する側の意図と受け取る側の期待との間にズレがある場合，たとえどんなに復興への願いが込められていたとしても「大きなお世話」となる。古着や壊れたおもちゃは論外としても，誰も使えない道具や置き場に困る大きな機材，あるいは高額の維持費がかかってしまう大型車両などを寄贈されても，できれば返品したいというのが本音ではなかろうか。真偽のほどは定かではないが，ある避難所に出向いた心理カウンセラーが目にした張り紙には「心のケアお断り」と書いてあったという。避難所での生活を余儀なくされた被災者のメンタルヘルスは極めて悪かったであろうと推察できるが，このような明確な援助拒否行動が生じた背景を

191

十分に検討する必要がある。

　上記のような不必要な援助に対して，援助拒否行動が起きるのは当然の反応であろうが，大きすぎる援助に対しても受け取る側は躊躇してしまう。援助要請行動を抑制する「心理的負債感」が働くからである。人は誰かに何かをしてもらったら，お返しに何かをしてあげなければならないと思う。東北地方ではこの「返報性」が文化として根強く残っているように思える。急性期にはお返しなど考える余裕もなく，多くの人が助けを求めたが，その時期を過ぎるとそれが気になってくる。ある医療施設が食糧不足に陥り，「おにぎりが必要」という援助要請をした。それに応えて，とうてい食べきれない量のおにぎりが届いた。たくさんの人によって一生懸命に握られたものであろうと想像すると処分に困ったらしい。

　必要な支援が必要な量だけ届いたとしても，その裏に何か別の意図が見え隠れした場合，迷惑だと認識される支援もあった。提供者の下心（たとえば，売名行為とか）が少しでも感じられれば，ありがたくないどころか不快にさえ感じられるだろう。売名行為とまではいかなくても，それなりに知名度がある政治家や芸能関係者の支援を受け入れるために，その準備や後片付けに多くの人手と時間がかかったという。自分の行動が周囲の人々に少なからず迷惑をかけると自覚している著名人は，ひっそりとやってきて，さっと帰ったらしい。

⊙被災地における援助要請行動の促進

　東日本大震災の発生から5年が過ぎた。この段階にくると被災地のニーズも変わり，それに応じた支援が必要となる。しかし，被災地以外の人々の記憶が風化し，被災地からの援助要請に気づくこともなくなりつつあるのではないか。被災地には復興といえるまで取り組まなければならない課題が山積している。そのような時期に，被災者の援助要請行動を再び活発化するにはどうしたらよいのであろうか。具体的な介入計画を考える際にヒントとなるような点を，最後に3点だけ述べておきたい。

　まず第一に，被災地には依然として命に関わる問題が残っていることを非被災者は知っておくべきである。原発事故が原因で多くの人々が長期間の避難生活を余儀なくされた福島県では，地震や津波による「直接死」よりも，その後の生活ストレスによる「関連死」のほうが多く（復興庁，2012），震災の影響は今なお甚大である。直接命に関わらなくても，それに匹敵するような健康上の問題（たとえば，生活習慣病，うつ病，アルコール依存症など）に対してもまだ十分な支援体制ができあがってはいない。

　次に，援助を受ける側の心理的負債感を可能なかぎり低減させる工夫も必要であ

る。援助する立場にいる人は，常に受ける側の負担感を意識し，過剰な支援は避け，援助する側にもなんらかの恩恵がもたらされることを伝えることで，互いに対等だという意識が持てるかもしれない。「困った時はお互いさま」であり，「情けは人の為ならず」なのである。

　第三に，なんらかの必要が生じたら，誰かと共に，あるいは集団で援助要請できるような仕組みを考える必要があろう。学校単位で，あるいは地域全体で援助要請行動を起こすとより効果的であろう。しかしながら，集団での行動は，時に望ましくない結果をもたらす。同調行動，権威への服従，社会的手抜きなどの現象が起きることが知られているが，社会心理学やグループ・ダイナミックスの知見を取り入れた集団援助要請に関する基礎的研究が望まれる。

引用文献
復興庁　2012　東日本大震災における震災関連死に関する報告.
　http://www.reconstruction.go.jp/topics/240821_higashinihondaishinsainiokerushinsaik
　anrenshinikansuruhoukoku.pdf（2016年 2 月 3 日）
全国社会福祉協議会　2012　東日本大震災災害ボランティアセンター報告書.
　http://www.shakyo.or.jp/research/2011_pdf/11volunteer.pdf（2016年 2 月 3 日）

明日，あなたが初めてカウンセリングを受けるとしたら，あなたならどのような行動をとるだろうか？　時間に遅れないよう，インターネットで交通経路を確認するだろうか？　明日会うカウンセラーがどんな人かが気になって，カウンセラーの名前をインターネットで検索するだろうか？

インターネットの普及により，私たちはインターネットを通じて様々な情報を収集することができるようになった。心理カウンセリングについても例外ではない。オンライン上でセラピストに関する情報を見たことのあるクライエントを対象に行われた調査によれば，半数近くは「収集した情報は，そのセラピストと会いたいかどうかや会い続けたい人であるかを判断するのに重要であった」と回答した。情報を収集したことがセラピストへの印象やセラピー体験に及ぼした影響を質問したところ，多くの人が「ポジティブな影響」や「影響がない」という回答をした一方で，「ネガティブな影響」（心地よさの減少や罪悪感など）も報告された（Kolmes & Taube, 2016）。

援助要請する側からは，事前にカウンセラーについて情報を収集することで，より自分に適したカウンセラーの選択や安心感につながるだろう。一方で，カウンセラーの側からは，カウンセラーについてのオンライン上の情報を，クライエントがどのように受け止めているか，どのように感じているのか，それらのことがカウンセリングの関係性やプロセスにどのような影響を与えているのかなどを考慮に入れる必要があるだろう。

【引用文献】Kolmes, K. & Taube, D. O. 2016 Client discovery of psychotherapist personal information online. *Professional Psychology: Research and Practice*, **47**, 147-154.

Coffee Break

第 16 章
今後の援助要請研究における
理論的課題と実践的課題

永井　智
木村　真人
飯田　敏晴
本田　真大
水野　治久

　ここまでの各章において，様々な領域における援助要請研究の知見について述べてきた。わが国の臨床心理学における援助要請研究が本格的になってからすでに20年近くが経過しており，その間得られた成果も多い。しかし一方で，現在でもまだ多くの課題が残されている。各領域における課題についてはそれぞれの章でくわしく論じてきたが，本章ではさらに援助要請研究全体の課題について総括的に示し，本書の結びとしたい。

● ⊙ ●
1．援助要請研究における理論的課題

⑴　領域間の共通性に関する視点の重要性

　まず理論的な課題について述べる。臨床心理学における援助要請研究は，学校や医療機関，コミュニティなどの各領域において，実践的支援を視野に入れて実施されている。そのため，多くの研究は実際の支援現場の問題意識に基づいて実施される。こうした研究は，各実践領域に対して大きな意義をもたらすものであるといえるが，一方で，各研究が領域内の視点にととまってしまいやすく，その結果，“誰が誰に対して行う援助要請か”という点で研究が細分化しやすくなるという課題がある。

　もちろん，本書の各章で述べたように援助要請のあり方は多様であり，大学生が友人に相談をする場合と，精神疾患を抱えた成人が専門機関へ援助要請を行う場合，あるいは子育てのストレスで心理的に追い詰められた養育者

が行政サービスを利用する場合とでは，相当に事情が違うであろう。たとえ
ば，医療機関を利用するのであれば時間や費用などの事情が援助要請の意思
決定に影響する場合もあると考えられるが（Stefl & Prosperi, 1985），友人と
の相談ではこうした時間的・金銭的コストは相対的に問題となりにくいと考
えられる。したがって，領域固有の事情に注目し，そこで何が起きているの
か，どのようにすれば当事者の人々がよりよく生きていくことができるのか
を明らかにすることは重要である。

　しかし，こうした各領域の固有性のみではなく，領域間の共通性について
考慮することも重要である。各領域における援助要請がそれぞれ全く別の現
象かといえばそうではない。むしろ，細かい差異は多々あるにせよ，共通点
も多く存在するはずである。たとえば，2章の表2−1に記載されているよ
うに，専門家への援助要請に対しては，メタ分析によって「利益の予期」が
重要であることがある程度頑健な知見として得られている（Li et al., 2014;
Nam et al., 2013）。さらにこの利益の予期の重要性は，わが国における友人
間の援助要請（永井・新井，2007）でも重要であることが明らかになってい
る。

　このように援助要請には，領域を越えてある程度共通するメカニズムが存
在することが示唆される。各領域において新たに援助要請を検討しようとす
る場合，その領域の固有性だけに注目するのではなく，まずこうした共通の
知見がその領域においても適用可能かを検討することも，同様に重要である
と考えられる。これには，「援助要請」という現象の体系的な知見の構築に
資するためという研究上の理由があるが，もうひとつには，それが結果的に
各領域における実践的支援を検討する上で役立つからという理由がある。

　たとえば，援助要請には共通して「利益の予期」が重要なのであれば，援
助要請を促進するためにまず「利益の予期」の促進が有効であると考えられ
る。もちろん，この「利益の予期」を促進するために何をすべきかは，領域
の事情に応じて異なる部分もある。仲間同士の援助要請であれば，日ごろの
人間関係を促進させるための働きかけが必要であろうし，精神科医への援助
要請であれば，医療的ケアの有効性について啓発的に伝えていくことなどが
重要である可能性がある。しかしながら，「利益の予期」の促進という基本
方針自体が共通するのならば，他領域の知見からも多くの有益な示唆を得る

ことが可能であると考えられる。

　逆に，もし多くの領域で共通して見られる現象が，特定の領域では見られ
ないのであれば，その点は新たな理論をもたらす重要な可能性として同定す
ることが可能である。たとえば友人への援助要請は，中学生や高校生，大学
生においては，性別による援助要請への影響が様々な変数によって媒介され
るのに対し，小学生においては，性別が援助要請に直接影響することが指摘
されている（永井，2017）。こうした違いは，援助要請の性差が形成される
発達的メカニズムを明らかにする上で，着目すべき重要な点であるといえる。

(2)　教育心理学や社会心理学における援助要請の視点

　教育心理学や社会心理学における援助要請の視点を参照していくことも同
様に重要である。教育心理学における学業的援助要請の研究では，援助要請
を促進・抑制する要因として個人の達成目標理論など，学業場面に特有な観
点から検討が行われることが多い（Ryan & Shim, 2012）。たとえばこの「目
標」という視点は，臨床心理学における援助要請に対しても援用できる可能
性を有している。援助要請は対人的な行動であるが，対人関係上の行動には，
個人がどのような対人関係を望むかという「目標志向性」が影響することが
明らかになっている（黒田・桜井，2001）。

　また社会心理学における援助要請研究では，実験的な課題場面において，
その場面に応じた様々な形の援助要請を扱う研究が行われてきた。こうした
研究では，実際に援助要請の発生する状況を細かく操作することが可能であ
る。そのため，援助要請時の匿名性（Nadler & Porat, 1978）や援助要請相手
の性別（DePaulo et al., 1989）など，具体的な状況要因の効果が詳細に検討
されてきた。さらに，先に述べた「利益の予期」も，元々は社会心理学にお
けるモデル（たとえば，高木，1997）において提示されたものである。

　このように，教育心理学や社会心理学における援助要請と，臨床心理学に
おける援助要請は，これまでそれぞれの視点から研究が発展しており，それ
ぞれが有益な示唆をもたらすものとなっている。これらを共通の視点から捉
えなおすことによって，今後の援助要請研究の新たな展開が期待できると考
えられる。

⑶　問題対処方略としての援助要請

　さらに援助要請を広く捉えるならば，それは問題解決行動の一手段であるという見方も可能だ。こうした問題解決行動は，ストレス理論においてはコーピングという広範な概念として従来扱われてきた。つまりストレス理論から見るならば，援助要請は数あるコーピングの一方略に過ぎない。

　このように，援助要請を問題解決行動のひとつとして相対化することで，援助要請の重要性ばかりにとらわれるのでなく，援助要請を行わずに，一人で問題に取り組むことの意義（たとえば，佐藤，2008）についても焦点を当てることができる。それと同時に，援助要請という対処方略はどのような状況下で選択されるのか，またそれはどの程度有効なのかといった，他の問題対処方略との関連について検討することが可能になる。

　実際，ストレスコーピングの研究では，どのような状況下でどのようなコーピングが実施されるのか（たとえば，Folkman & Lazarus, 1980）といった点や，そのコーピングの有効性（たとえば，加藤，2001）などについて多くの研究が実施されてきた。援助要請研究においても，コーピングの視点の重要性が指摘されることはあったが（Rickwood et al., 2005），このような包括的な視点から実施された研究はあまり多くはない。

　「助けを求める行動」という現象は，人間の生活の中で非常にありふれたものである。そのため，こうした現象を捉えるために，「援助要請」以外にも様々な理論や概念が提唱されてきた。ここではストレスコーピングを例として挙げたが，他にも自己開示や愛着理論，15章で紹介されたような進化心理学の視点など，参照すべき研究は多く存在する。「助けを求める行動」のより本質に迫っていくためには，今後こうした視点を踏まえ，理論的統合を図る研究を行っていくことが不可欠であると考えられる。

● ◎ ●
２．援助要請研究における実践的課題

⑴　現代の社会問題における援助要請

　次に，実践的な課題について述べる。本書でこれまで見てきたように，援助要請研究は，教育・医療・福祉等の様々な対人援助サービス分野における

喫緊の課題に対して，その理解と解決策を見いだすために取り組まれてきた。援助要請研究の貢献やさらなる研究が期待される領域や問題事象は本書で紹介されたものだけにとどまらない。たとえば，諸外国では援助要請の視点から研究が行われている親密なパートナーからの暴力やストーカー被害，ドラッグやアルコールに関する問題，自然災害等の被災者の援助要請などが挙げられる。

　心の健康に関する問題は現代社会の重要な課題のひとつであり，いじめや自殺，犯罪被害や職場のメンタルヘルス等をはじめとして，問題や困難を抱える人を守り支えるために，社会政策として国や自治体レベルで法整備をはじめとした支援体制が整えられてきている。このような支援体制をより実効性あるものにするためには，それらの支援体制がやはり支援を必要とする人たちの援助要請の特徴に配慮したものでなくてはならない。なぜなら，本書で繰り返し述べてきたように，悩みを抱え援助を必要としていても，相談・支援を求めたり利用することは簡単なことではないからである。したがって，対人援助サービスに従事する実践家や研究者は，援助要請に関する知見を社会に積極的に発信し，政策提言につなげていくコミュニティレベルでの活動を行っていくことも必要であろう。

　支援体制の整備にあたっては，もうひとつ検討すべき実践的な課題が挙げられる。援助要請研究では主に援助を求める側に焦点をあて，いかに必要な援助やサポートを届けるかを検討することになる。しかしながら，援助関係が援助する側と援助を求める側の人間関係である以上，援助要請者の側の視点と同時に，援助者側の視点も考慮に入れた検討が必要である。たとえば，援助要請を促進し，今までは相談できなかった人や支援の届かなかった人が支援につながれば，その分，援助者や支援者も今まで以上に必要となる。したがって，援助を提供する側の援助・支援の量はもちろんのこと，質の担保も求められる。援助要請が促進され，援助を必要とする人が必要な援助を求めても，それに対応できる支援者や組織のマンパワーが整っていないために，支援を提供できない，遅れる，あるいは質の低いサービスを提供することになれば，援助要請を促進することが，援助要請者を傷つける結果にもなりうる。それは倫理的にも問題であり，対人援助サービスに対する社会的な信頼の低下にもつながるだろう。被援助経験はその後の援助要請にも影響を及ぼ

す（Watsford & Rickwood, 2014）ことを忘れてはならない。したがって，援助要請の促進にあたっては，援助を提供する側の視点も含め，組織やコミュニティ全体として，また対人援助サービス分野の組織全体として，人材育成や専門性の向上に取り組むことが必要となるだろう。

(2) 援助要請の理論と実践を多職種で共有すること

　ニーズがあっても援助を求めない人々を支援するのは心理職のみではない。たとえば，保育士や幼稚園教諭は日常的に乳幼児および保護者と接しながらニーズの高い子どもを把握し，保護者から援助を求められなくても状況を見ながら子どもに援助を行ったり保護者に援助を申し出たりする。また，保健師や医師は乳幼児健診の機会に，たとえ保護者に問題意識がなくても，子どもの成長・発達上の気になる点を指摘し，その後の援助につなげる役割を担っている。虐待への支援では福祉職や心理職によるアウトリーチが重要である。アウトリーチは最悪のケースとなる子ども虐待死亡事例を防ぐために最も必要であると同時に，最も困難を極めるアプローチであると考えられており（高岡，2008），虐待を疑われた保護者は援助を求めるどころか拒否することさえある。これらの他にも，子ども・子育て支援新制度における「利用者支援」や生活困窮者自立支援制度の理念も，ニーズがあっても援助を求めない人々のためになる制度であるといえるであろう。

　これらの現状から，ニーズがあっても自ら援助を求めない人を適切な援助資源につなぐことは心理職に限らず様々な援助者，教育者（多職種）が直面している課題であるといえよう。この課題の解決に資するものが，援助要請の心理学である。援助要請の心理学は，ニーズがあっても援助を求めない対象者の事例について多職種で協働する際の共通認識となる可能性を秘めている。

(3) 多文化共生時代における相談体制について

　援助要請研究が，近年これほど多く報告されるようになった背景には，実に幅広い背景を持つ人々に対して援助を提供しなければならないという現状がある。数はそれほど多くはないが，様々な背景を持った人たちに対する援助の報告もある（たとえば，井上，1998; 大橋，2000, 飯田ら，2015; 大西，

2016)。これからの援助職は，多文化問題を扱えるカウンセリング能力を備えている必要がある（葛西，2008; 鈴木，2011）。こうした意味では，援助要請研究は，対人援助職の実践力向上や，専門職の養成カリキュラムの内容充実に果たす役割が大きいと考えられる。「ダイバーシティ（多様性）」という言葉が聞かれるようになった今日，援助要請研究は，「多様性」という視点を改めて問い直す必要があるのではないだろうか。

● ⊙ ●
３．援助要請研究の広がりに向けた提案

(1) 理論と実践の統合へ

　援助要請研究には以上のような理論的・実践的な課題が存在し，両者の課題を克服し統合することが求められる。そもそも，援助要請に対する関心には，悩みや問題を抱える人が必要な援助サービスを利用しないというサービスギャップ（Stefl & Prosperi, 1985）の解消という実践的な課題がひとつの大きな背景としてあり，その研究はサービスギャップ現象の理解と解消に向けて進められてきたものである。それにより援助要請を促進・抑制する諸要因が明らかとなってきたことで，援助要請に関する理論的な基盤が徐々に整ってきた。サービスギャップ現象は，必要な援助を求めないという，援助に結びつくまでの段階に焦点があてられており，援助要請の促進・抑制要因の抽出も，なぜ必要な援助を求めないのか，どうすれば援助要請を促進することができるのかを明らかにし，その変数をターゲットとした介入研究に結びついてきた。

　一方で，援助要請研究が対象とするのは，必ずしも悩みや問題を抱える人が援助につながるまでの段階にとどまるものではなく，援助につながった後の段階も対象となるだろう。専門的な心理的援助や他者に援助を求めることに対する意識や態度，そしてこれまでの研究で明らかとなってきた援助要請に関連する諸変数は，援助に結びついてから，つまり実際のカウンセリングや援助・支援関係自体にも影響を及ぼすことが予想される。たとえば，カウンセリングに対する期待は援助要請に影響を及ぼすことが報告されているが（Kakhnovets, 2011），カウンセリングのアウトカムにも影響を及ぼすことが

報告されている（Dew & Bickman, 2005）。したがって，カウンセリング場面においても，クライエントの援助要請や専門的な心理的援助に対する意識や態度に着目することが，効果的なカウンセリングの実践のために必要となるであろう。

　また，援助要請に関する介入研究では，スティグマの低減やメンタルヘルスリテラシーの向上，情報提供などがターゲットとなっている（Gulliver et al., 2012）。しかし，それらの変数の変容が援助要請を促進する効果を超えて，その後のカウンセリングのプロセス，さらにはアウトカムにどのような影響をもたらすのかは検討されていない。この点は，援助につながった後の段階も視野に入れた，より質の高い援助サービスを提供することを目指した援助要請への介入に向けて，今後取り組むべき課題といえる。カウンセリングの中で援助要請に関するテーマがどのように扱われるのか，またカウンセリングの諸理論や技法においては，援助要請がどのように捉えられ，そして扱われるのかなど，事例研究やプロセス研究などを通した検討が必要であるだろう。

　このように，援助要請研究における理論と実践の統合に向けては，援助要請研究の領域内における理論と実践の統合という視点を超えて，既存の対人援助サービス分野における諸理論や実践の視点から援助要請を捉え直すことも必要であろう。そうすることにより，独自性のある援助要請研究の理論と実践の統合につながることが期待される。

(2)　援助要請研究とカウンセリング

　近年の援助要請研究のもうひとつの動きとして，「援助要請カウンセリング」（水野，2015），「援助要請のカウンセリング」（本田，2015）の提案が挙げられる。たとえば援助要請への介入を考えるうえで，まずは介入が必要な状態を明確にする必要がある。本田（2015）は援助要請経路の概念から作成した援助要請の心理状態のアセスメントモデルを紹介し，「相談しない」状態をさらに①「困っていない（から相談しない）」，②「助けてほしいと思わない（から相談しない）」，③「『助けて』と言えない（から相談しない）」と大きく3つに分類している。そして，これらの心理状態の違いをアセスメントした上で，それぞれに応じたアプローチを行うことの重要性を事例を基に

解説している。

　援助要請への介入が必要な状態には，「相談しない」状態に加え，相談をする場合の問題として「相談しすぎる」，「相談がうまくない」という状態がある。「相談しすぎる」とは自分で解決できるのに援助要請するなど，援助要請が過剰，依存的な状態である。この場合には介入の目標は「自分一人で解決できそうなことは援助を求めずに自分で取り組むこと」になる。「相談がうまくない」とは，援助要請するものの否定的な結果が多く得られる（相談してかえって傷つく）という，援助要請が非機能的な状態である。この場合の介入の目標は機能的な援助要請行動を学習すること，つまり相談した結果が自分にとって望ましいものになるような相談の仕方を獲得することである。なお，本田・水野（印刷中）はこれらの援助要請に焦点を当てたカウンセリングについて理論的な検討を行っており，今後の援助要請の理論と実践の統合を考えるうえで重要な理論的基盤となろう。最後に，援助要請に限らず個人の心理への介入を試みる際には倫理的配慮が欠かせない。援助要請への介入の倫理は本田（2015）が考察するにとどまっており，今後より厳密な検討が求められる。

引用文献

DePaulo, B. M., Dull, W. R., Greenberg, J. M., & Swaim, G. W.　1989　Are shy people reluctant to ask for help? *Journal of Personality and Social Psychology*, **56**, 834-844.

Dew, S. E. & Bickman, L.　2005　Client expectancies about therapy. *Mental Health Services Research*, **7**, 21-33.

Folkman, S. & Lazarus, R. S.　1980　An analysis of coping in a middle-aged community sample. *Journal of Health and Social Behavior*, **21**, 219-239.

Gulliver, A., Griffiths, K. M., Christensen, H., & Brewer, J. L.　2012　A systematic review of help-seeking interventions for depression, anxiety and general psychological distress. *BMC Psychiatry*, **12, 81**.

本田真大　2015　援助要請のカウンセリング――「助けて」と言えない子どもと親への援助．金子書房.

本田真大・水野治久　印刷中　援助要請に焦点を当てたカウンセリングに関する理論的検討．カウンセリング研究.

飯田敏晴・井上孝代・貫井祐子・高橋卓巳・今井公文・伊藤　紅・山田由紀・青木孝弘・岡　慎一　2015　HIV 感染の治療過程で自殺企図を繰り返した在日外国人――チーム医療における多文化間カウンセラーの役割をめぐって．こころと文化，**14**, 147-158.

井上孝代 1998 カウンセリングにおける PAC（個人別態度構造）分析の効果. 心理学研究, **69**, 295-303.

Kakhnovets, R. 2011 Relationships among personality, expectations about counseling, and help-seeking attitudes. *Journal of Counseling and Development*, **89**, 11-19.

葛西真記子 2008 Multicultural Counseling Competencies——北米のカウンセリング心理学の立場からの multicultural competencies. こころと文化, 7, 152-158.

加藤 司 2001 対人ストレス過程の検証. 教育心理学研究, **49**, 295-304.

黒田祐二・桜井茂男 2001 中学生の友人関係場面における目標志向性と抑うつとの関係. 教育心理学研究, **49**, 129-136.

Li, W., Dorstyn, D. S., & Denson, L. A. 2014 Psychosocial correlates of college students' help-seeking intention: A meta-analysis. *Professional Psychology: Research and Practice*, **45**, 163-170.

水野治久 2015 必要な援助を求められる子どもに——どうしても育てたい援助要請の力——第2部（1）学校における援助要請カウンセリング. 月刊学校教育相談, **29** (12), 48-51.

Nadler, A. & Porat, I. 1978 When names do not help: Effects of anonymity and locus of need attribution on help-seeking behavior. *Personality and Social Psychology Bulletin*, **4**, 624-626.

永井 智 2017 中学生における友人との相談行動——援助要請研究の視点から. ナカニシヤ出版.

永井 智・新井邦二郎 2007 利益とコストの予期が中学生における友人への相談行動に与える影響の検討. 教育心理学研究, **55**, 197-207.

Nam, S. K., Choi, S. I., Lee, J. H., Lee, M. K., Kim, A. R., & Lee, S. M. 2013 Psychological factors in college students' attitudes toward seeking professional psychological help: A meta-analysis. *Professional Psychology: Research and Practice*, **44**, 37-45.

大橋敏子 2000 自殺企図の外国人留学生への危機介入事例——精神科医との連携を中心にして. カウンセリング研究, **33**, 294-302.

大西晶子 2016 キャンパスの国際化と留学生相談——多様性に対応した学生支援サービスの構築. 東京大学出版会.

Rickwood, D., Deane, F. P., Wilson, C. J., & Ciarrochi, J. 2005 Young people's help-seeking for mental health problems. *Australian e-Journal for the Advancement of Mental Health*, **4**(3), 1-34.

Ryan, A. M. & Shim, S. S. 2012 Changes in help seeking from peers during early adolescence: Associations with changes in achievement and perceptions of teachers. *Journal of Educational Psychology*, **104**, 1122-1134.

佐藤 純 2008 大学生の援助資源の利用について——学生相談におけるセルフヘルプブック利用という視点から. 筑波大学発達臨床心理学研究, **19**, 35-43.

Stefl, M. E. & Prosperi, D. C. 1985 Barriers to mental health service utilization. *Community Mental Health Journal*, **21**, 167-178.

鈴木ゆみ 2011 スクールカウンセラーの多文化カウンセリングコンピテンスの獲得に向けて——臨床心理士養成課程の大学院案内とシラバスの分析. 明治学院大学大

学院心理学研究科心理学専攻紀要, **16**, 31-47.

高木　修　1997　援助行動の生起過程に関するモデルの提案. 関西大学社会学部紀要, **29**, 1-21.

高岡昂太　2008　子ども虐待におけるアウトリーチ対応に関する研究の流れと今後の展望. 東京大学大学院教育学研究科紀要, **48**, 185-192.

Watsford, C. & Rickwood, D.　2014　Young people's expectations, preferences, and experiences of therapy: Effects on clinical outcome, service use, and help-seeking intentions. *Clinical Psychologist*, **18**, 43-51.

索 引

● 人名索引——

監修者

水野 治久（みずの はるひさ）

大阪教育大学教授　博士（心理学）　公認心理師　学校心理士スーパーバイザー　臨床心理士　著書：『子どもを支える「チーム学校」ケースブック』（金子書房）ほか

編　者

永井 智（ながい さとる）

立正大学教授　博士（心理学）　公認心理師　臨床心理士
著書：『中学生における友人との相談行動――援助要請研究の視点から』（ナカニシヤ書店）ほか

本田 真大（ほんだ まさひろ）

北海道教育大学函館校准教授　博士（心理学）　公認心理師　臨床心理士 学校心理士スーパーバイザー　認定行動療法士　著書：『援助要請のカウンセリング』（金子書房），『中学生の援助要請行動と学校適応に関する研究』（風間書房）ほか

飯田 敏晴（いいだ としはる）

駒沢女子大学准教授　博士（心理学）　公認心理師　臨床心理士　多文化間精神保健専門アドバイザー
著書：『コミュニティ心理学シリーズ 1 心の健康教育』（金子書房，共編著）ほか

木村 真人（きむら まさと）

大阪国際大学・大阪国際大学短期大学部 基幹教育機構 教授　博士（心理学）
公認心理師　臨床心理士　著書：『事例から学ぶ 心理職としての援助要請の視点』（金子書房，共編著），『大学生の学生相談に対する援助要請行動』（風間書房）ほか

執筆者一覧

水野 治久 〈監修者〉	————————	はじめに，第 1 章，第16章，Coffee Break 1	
永井 智 〈編　者〉	————————	はじめに，第 2 章，第16章，Coffee Break 2	
本田 真大 〈編　者〉	————————	はじめに，第 4 章，第16章，Coffee Break 3	
木村 真人 〈編　者〉	————————	はじめに，第 9 章，第16章，Coffee Break 5	
飯田 敏晴 〈編　者〉	————————	はじめに，第11章，第16章，Coffee Break 4	

Debra Rickwood　　Faculty of Health, University of Canberra ———— 序　文

後藤 綾文	三重大学学生総合支援センター ————————————	第 3 章
田村 修一	創価大学大学院教職研究科 —————————————————	第 5 章
安田 みどり	立教大学現代心理学部 ———————————————————	第 6 章
太田 仁	梅花女子大学心理こども学部／梅花中学校・高等学校 ——	第 7 章
梅垣 佑介	奈良女子大学生活環境学部 —————————————————	第 8 章
末木 新	和光大学現代人間学部 ———————————————————	第10章
境 泉洋	徳島大学大学院総合科学研究部 ——————————————	第12章
小池 春妙	名古屋大学環境学研究科 ——————————————————	第13章
中村 菜々子	兵庫教育大学発達心理臨床研究センター ———————	第14章
橋本 剛	静岡大学人文社会科学部 ——————————————————	第15章

妹尾 香織	花園大学社会福祉学部 ————————————　————	Column 1
平井 美幸	大阪教育大学養護教諭養成課程 ——————————————	Column 2
小倉 正義	鳴門教育大学大学院学校教育研究科 ————————————	Column 3
野坂 祐子	大阪大学大学院人間科学研究科 ——————————————	Column 4
葛西 真記子	鳴門教育大学大学院学校教育研究科 ———————————	Column 5
成田 絵吏	臨床心理士 ———————————————————————————	Column 6
大西 晶子	東京大学国際本部国際センター本郷オフィス ———————	Column 7
樫原 潤	日本大学文理学部／日本学術振興会 ————————————	Column 8
久田 満	上智大学総合人間科学部 ——————————————————	Column 9

（所属は第 1 刷発行時）

援助要請と被援助志向性の心理学
困っていても助けを求められない人の理解と援助

2017年3月30日　初版第1刷発行　　　　　〔検印省略〕
2023年11月29日　初版第4刷発行

監修者　水野治久

編　者　永井　智

　　　　本田真大

　　　　飯田敏晴

　　　　木村真人

発行者　金子紀子

発行所　株式会社 金子書房

　　　　〒112-0012　東京都文京区大塚3−3−7
　　　　TEL　03(3941)0111(代)
　　　　FAX　03(3941)0163
　　　　https://www.kanekoshobo.co.jp
　　　　振替 00180−9−103376

印　刷　藤原印刷株式会社

製　本　有限会社井上製本所